DUBLIN

O' Connell Bridge

IMPORTER
Hugh
BONDER

John
Bre
JEW

Karten: Horst Stelter

Autor und Verlag danken „Aer Lingus" für die freundliche Unterstützung.

Lektorat: Peter Kiwitz
DTP: S&ES, Vettelschoß
Belichtung: Klaußner, Köln
ISBN: 3-89535-057-5

Inhaltsverzeichnis

Ha' Penny Bridge

Willkommen

Ein Nebenarm der internationalen Touristenströme fließt seit nunmehr 25 Jahren kontinuierlich an den irischen Küsten entlang. Die Fremdenverkehrseinrichtungen der grünen Insel können sich über mangelnde Besucherzahlen nicht beklagen. Doch wenn man den typischen Irland-Reisenden nach bleibenden Bildern befragt, bekommt man schnell den Eindruck, sich in einem Werbespot für irische Butter oder irischen Whiskey zu befinden. Gepriesen werden immerzu die sanften Hügel, die zerklüfteten Steilküsten, das unbeschreiblich satte Grün der Landschaft, die urigen Dörfer, die alten Landsitze, das archaische Gefühl, wenn im Morgengrauen tausend Jahre alte Klosterruinen aus den Ufernebeln des River Shannon auftauchen, die freundlichen Bewohner, die reichen Fischgründe in den Seen und im Meer. Die Besucher finden, was sie suchen: Ruhe, Natur, keltische Geschichte, herbes Land und herzliche Leute.

Alles gut und schön, aber ich habe manchmal den Eindruck, daß viele Irland-Fans trotz wiederkehrender Besuche auf der Insel das Sahnestück nie richtig goutiert haben: die Hauptstadt Dublin. Natürlich ist kaum einer an Dublin vorbeigekommen, weil schon die Anreise per Flugzeug oder per Autofähre meistens über die irische Metropole führt. Tatsächlich aber haben viele Irlandbesucher die Hauptstadt nicht erlebt. Ein Tag, höchstens zwei, sind im Streß von An- oder Abreise für Dublin vorgesehen. Ganz schnell soll es weitergehen an die wilde Westküste, in die Hochmoore oder zu den vorgelagerten Inseln. Dublin ist eine Großstadt, und genau aus solch einer Großstadt kommen die meisten Besucher selbst. Rush-hours hat man ja schließlich auch zu Hause, nicht wahr? Städtetourismus? Ja, aber Dublin ist doch nicht London oder Paris...?!

Wie ungerecht! Dublin ist die quicklebendige Metropole einer europäischen Kulturnation mit großartigen Traditionen: Literatur, Musik, Architektur, Geschichte, eine Stadt mit ganz eigenem Lebensstil, und die Bewohner sind erst recht ein eigener Schlag. Dublin ist nicht typisch Irland; dafür war hier der britische Einfluß, im Gegensatz zu einigen abgelegenen Gebieten, viel zu intensiv. Dublin ist eine Kultur für sich. Wer die Zeit aufbringt, nicht nur die vordergründigen Sehenswürdigkeiten abzuklappern, sondern auch auf wenig betretene Seitenpfade abzuzweigen, kann hier einen ganzen Urlaub verbringen, ohne sich zu langweilen. Es gibt inzwischen Englischstudenten, die ihr obligatorisches Auslandssemester lieber in Dublin als in London oder Los Angeles verbringen.

Als ich vor 20 Jahren das erste Mal in Dublin von der Fähre an Land ging, erhielt ich einen Eindruck, der mein Irlandbild nach wie vor beeinflußt. Die Stadt war ärmlicher, auch dreckiger als heute. Doch nirgendwo sonst in der Welt bin ich von fremden Menschen so schnell und freundlich aufgenommen worden. Noch am selben Abend saß ich an fremden Kaminfeuern, ließ mir Irish Coffee einflößen und lauschte einem leidenschaftlichen Vortrag über den „schändlichen Niedergang der irischen Sprache" – ein Vortrag auf Englisch wohlgemerkt.

Für eine moderne Großstadt ist Dublin in jeder Hinsicht untypisch. Das aus dem 18. Jahrhundert stammende Gassengewirr abseits der Hauptstraßen ist noch weitgehend erhalten; mit einem Stadtplan von, sagen wir mal 1790, käme man zur Not zurecht. Trotz Geldautomaten, Verkehrsampeln und Satellitenschüsseln kann man hier in fast jede beliebige Epoche eintauchen. Die Stadt atmet Geschichte, so wie andere Metropolen Business ausstrahlen. In einigen öffentlichen Gebäuden stecken noch Gewehrkugeln aus der Revolution von 1916, ohne daß jemand auf die Idee käme, sie als Souvenir herauszupulen.

An den Mahagoni-Tresen der Kneipen, von denen nicht wenige seit einigen Jahrhunderten (!) ihren Gästen Whiskey und Starkbier verkaufen, läßt sich mit wildfremden Menschen über Sinn und Unsinn philosophieren, ohne daß man sich dabei Visitenkarten aufdrängen lassen muß. Begegnungen werden hier nicht mit Anmache verwechselt, und warmherzige Unverbindlichkeit gilt nicht als Oberflächlichkeit, über die man ach so tiefgründig teutonisch die Nase rümpfen müßte.

Dublin war die Heimat von Oscar Wilde, George Bernhard Shaw, James Joyce, Samuel Beckett, Bram Stoker, Sean O' Casey, Arthur Guinness und Eamon de Valera, ist aber auch die Stadt von Sinéad O' Connor, den „Dubliners" und der Band „U 2". Hier flossen viel Blut und Tränen, Guinness und Whiskey sowieso, aber immer waren es Menschen aus verschiedenen Kulturkreisen, die die Stadt prägten: Kelten, Wikinger und Engländer; Heiden, Katholiken, Freigeister und Protestanten rührten einen explosiven Kultur-Cocktail an, den man im englischen Sprachraum so schnell nicht wiederfindet.

Wenn einstige Feinde sich hier heimisch fühlen konnten, wie mag es da erst den Freunden ergehen?

Ankunft

Die Insel am westlichen Rand Europas ist gar nicht so weit weg und gut zu erreichen. Bei einer Reise zur Oster- oder Sommerzeit sollte man jedoch rechtzeitig buchen, da es sonst Engpässe geben kann. Dies gilt für alle im folgenden beschriebenen Reisewege.

Per Flugzeug

Nur knapp 110 Minuten dauern die Flüge von Deutschland nach Dublin. Das bedeutet, daß selbst kurze Wochenendtrips noch lohnen. Die irische Fluggesellschaft Aer Lingus fliegt das ganze Jahr über mehrmals täglich von Frankfurt a.M. und Düsseldorf non-stop nach Dublin. Zubringerflüge nach Düsseldorf und Frankfurt gibt es ab Bremen, Hamburg, Hannover, Leipzig, Dresden, Berlin, München, Nürnberg, Saarbrücken und Stuttgart.

Aer Lingus bietet zahlreiche Sondertarife: In Vor- und Nachsaison gibt es Wochenendtrips für 399 DM; Jugend/Studententarife (bis 26 Jahre) ab 351 DM; Senioren (ab 60 Jahre) ab 399 DM. Die Normalpreise schwanken saisonal zwischen 483 und 599 DM, Familienrabatte ab 435 DM. Mitgebuchte Anschlußflüge zu anderen irischen Flughäfen sind sehr preiswert (zwischen 10 und 80 DM). Alle genannten Preise gelten für eine Person inklusive Rückflug). Will man auch einen Mietwagen buchen, sollte man gleich ein Fly & Drive-Ticket erwerben; das ist preiswerter, als sich erst in Dublin darum zu kümmern. Nähere Auskünfte erteilen deutsche Reisebüros oder Aer Lingus: Tel. 069 / 311 959 (Frankfurt), bzw. 0211 / 323 0231 (Düsseldorf).

Dublins Flughafen liegt 9 Kilometer nördlich der Innenstadt. Im Erdgeschoß des Terminals sind die Autovermieter untergebracht. Am Ausgang stoppen Busse und Taxis. Die regulären Doppeldeckerbusse stadteinwärts sind billiger, wenn auch zeitaufwendiger als die Expressbusse, die ohne Zwischenstop zum zentralen Busbahnhof „Busaras" fahren. Die Fahrt dauert zwischen 20 und 30 Minuten.

Per Bahn / Schiff

Vergleichsweise beschwerlich ist der Schienenweg nach Irland: Zunächst muß man mit der Bahn einen Kontinentalhafen ansteuern (meistens Ostende in Belgien), dann gleich vom Bahnsteig auf die Englandfähre umsteigen, in Dover oder Folkstone den Zug nach London nehmen, sich dort von der Victoria Station via Bus oder U-Bahn zur Euston Station durchkämpfen und um 18.50 Uhr den Nachtzug nach Holyhead (Wales) besteigen. Von dort legt die Fähre nach Dun Laoghaire (8 Kilometer südlich von Dublin) ab. Viel billiger als ein Flug ist diese Zweitagestour nicht, es sei denn, man besitzt ein Interrail-Tikket. Solche Art der Anreise kann eigentlich nur Leuten empfohlen werden, die ihre Dublin-Reise mit einem Aufenthalt in London verbinden oder partout nicht fliegen wollen. Die Bahn- und Schiffstickets kann man alle am Stück im Reisebüro erwerben.

Mit Auto und Fähre

Wer das eigene PKW-Fahrzeug oder Motorrad nach Irland mitnehmen will, hat reichlich Auswahl an Fährverbindungen. Fast alle Kontinentalhäfen bieten Überfahrten nach Großbritannien an: Hamburg, Amsterdam, Rotterdam, Ostende, Zeebrugge, Calais, Boulogne, um nur die gebräuchlichsten zu nennen. Die schnellste Überfahrt ist der 40-Minuten-Trip von Calais nach Ramsgate (Themsemündung) im Hovercraft-Luftkissenboot.

An Englands Küste glücklich gelandet, fährt man dann entweder über London via Holyhead / Nordwales (ca. 8-9 Stunden Autofahrt und 3,5 Stunden auf der Fähre) nach Dun Laoghaire bei Dublin oder südlich an London vorbei zu den südwalisischen Häfen Pembroke bzw. Fishguard (ca. 6-7 Stunden Autofahrt). In den beiden letzteren Fällen fahren die Irish Ferries allerdings nicht nach Dublin, sondern nach Rosslare im südirischen County Wexford (3,5 Stunden an Bord). Von dort bis nach Dublin sind es noch mal 3 Stunden Landstraße.

Mutige setzen in 1,5 Stunden von Cairnryan (Südschottland) nach Larne (Nordirland) über und fahren anschließend vier Stunden lang über Belfast nach Dublin.

Wem die britische Landbrücke zu umständlich vorkommt, kann von Le Havre und Cherbourg in der Normandie oder von Roscoff in der Bretagne nach Rosslare (Südirland) direkt übersetzen. Die Schiffsreise dauert allerdings 22 Stunden – eine Schlafkabine sollte daher schon mitgebucht werden. Und in Dublin ist man dann immer noch nicht.

In den Reisebüros gibt es reichlich Broschüren zum Thema „Autofähren nach Großbritannien und Irland". Zwei Personen, hin und zurück per PKW, müssen je nach Saison, Strecke und Fahrzeuggröße damit rechnen, gemeinsam 900 bis 1400 DM (ohne Benzinkosten) für diese Art des Transportes zu berappen. Reisedauer einer Strecke: etwa 32 bis 48 Stunden inklusive einer Übernachtung unterwegs.

Dublin – eine europäische Metropole

Morbide Eleganz

Unter den Hauptstädten dieses Kontinents galt Dublin lange als arme Verwandte oder gar als kränkliche Kusine, verachtet selbst von vielen Iren, für die Dublin entweder ein „britischer Bastard" war oder als soziales Elendsquartier, als Vorhof zur Hölle galt. „Meine Gefühle für Irland schließen Dublin nicht mit ein", urteilte Schriftsteller George Bernhard Shaw gnadenlos über seine Heimatstadt. Noch bis ins 20. Jahrhundert gab es Stadtteile, auf die jene berühmte Metapher vom „Armenhaus Europas" zutreffend erschien.

Die schlimmen Zeiten sind vorbei und Dublin ist „angesagt" in ganz Europa. Auf Schloß Dublin (schlicht das „Castle", wie es seit Jahrhunderten heißt) tagen regelmäßig die Staatschefs der Europäischen Union, während die Jugendlichen der Welt nach Dublin strömen, um entweder Popidole wie Sinéad O' Connor und „U 2" live (und möglicherweise leibhaftig) zu sehen oder um in den zahllosen Pubs mit der Klampfe im Gepäck gemeinsam mit den Iren nach alten Melodien zu musizieren.

Dublin ist die Hauptstadt der Republik Irland und mit knapp 800.000 Einwohnern auch nicht unbedingt klein; dennoch strahlt diese Metropole keinen imperialen Glanz aus, obwohl sie noch vor 200 Jahren die zweitgrößte Stadt des britischen Empires war. Man muß sich immer wieder vor Augen halten, daß Irland bis 1921 Bestandteil des Vereinigten Königreiches von Großbritannien war – Irland ist der jüngste Staat Westeuropas.

Die Spuren von Epochen und Kulturen liegen hier wie zufällig neben- oder übereinander, sind gut in Schuß gehalten oder auch nicht und verleihen der Stadt morbide Eleganz. Der große, durchgängige Entwurf aber, wie man ihn etwa in London oder Paris finden kann, geht Dublin völlig ab – architektonisch sowieso, aber auch auf anderen Gebieten. Es gibt kaum Zusammenhänge zwischen Funktion und Ästhetik, weil sich im Laufe der wechselvollen Geschichte zu viele Herren um die Stadt am Liffey-Fluß balgten. Die meisten nationalen Monumente wurden nicht zielgerichtet als solche errichtet, sondern nahmen erst später ihre Rollen ein. So wurde immer wieder improvisiert und umfunktioniert: Das heutige Parlamentsgebäude diente einst einem Landadeligen als Stadtresidenz; im alten Parlament dagegen ist heute eine moderne Bank untergebracht; das älteste Krankenhaus der Stadt ist nun ein Museum für Kunst, und das Außenministerium residiert in einem ehemaligen Wohnhaus aus georgianischer Ära. Als verehrungswürdigstes Haus der Stadt, ja des ganzen Landes, gilt aber ein Postamt, weil dort 1916 die Republik ausgerufen und anschließend zusammengeschossen wurde. Die Stadt ist ein einziger Stilbruch.

Dublin war von Beginn an ein Paradoxon. Ausgerechnet die Hauptstadt des katholischen Irlands hatte jahrhundertelang die Aufgabe, als geistige und administrative Hochburg die britisch-protestantische Herrschaft auf der grü-

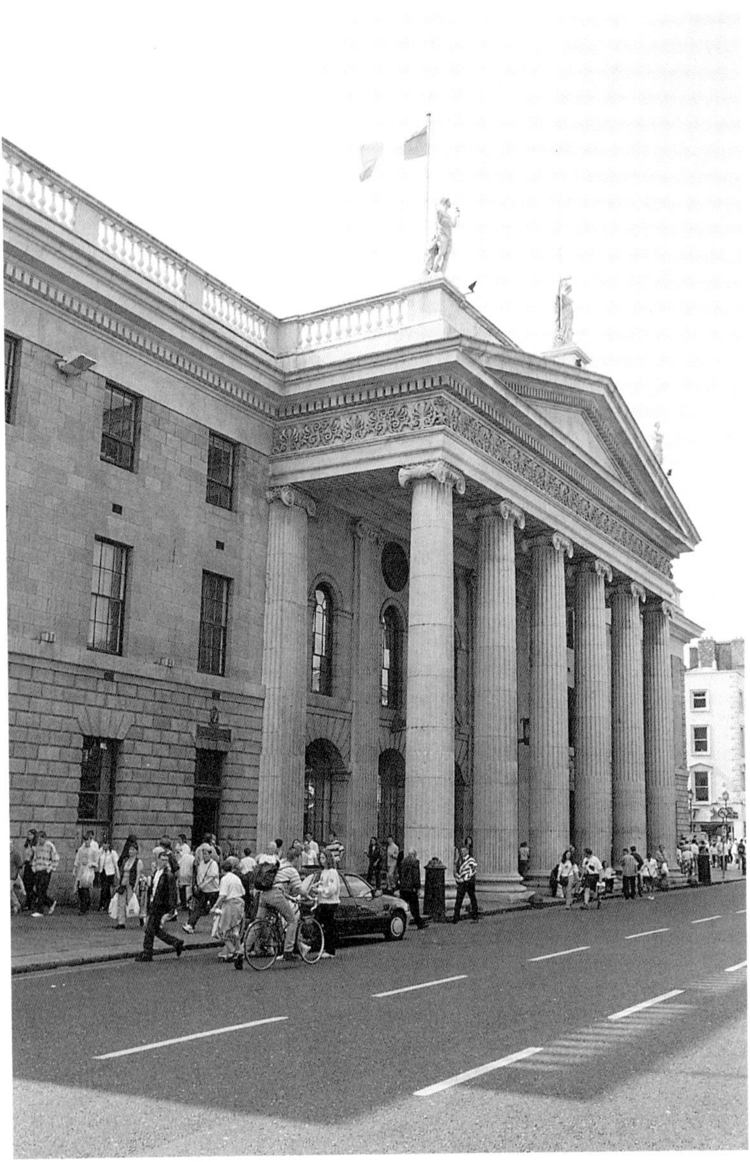

General Post Office

nen Insel sicherzustellen. Nicht wenige unter Dublins berühmten Söhnen und Töchtern waren gebürtige Protestanten und trugen englisch-normannische Namen, was sie nicht davon abhielt, den einen oder anderen Aufstand gegen die Krone anzuzetteln. Norweger, Dänen, walisische Normannen und schließlich Engländer eroberten Dublin und seine keltischen Ureinwohner, doch bereits die Nachkommen der jeweils neuen Herren fühlten sich als Dubliner, als „Dubs". Der Ort zählte mehr als die Herkunft, daran hat sich bis heute nichts geändert.

Natürlich ist das Dublin unserer Tage wie alle Metropolen ein Perpetuum Mobile der Moderne, ein Ort unaufhörlicher Veränderungen und Verschlimmbesserungen. Es wird gebaggert und gebuddelt, und der Baukräne sind viele in Dublin City. Die Regierung, die Stadt und die Europäische Union haben in den letzten 20 Jahren enorme Summen hierhin gespült; nicht immer wurden sie instinktsicher angelegt. Beim Neubau der Stadtverwaltung etwa fand man eine komplett erhaltene Wikingersiedlung, beseitigte sie jedoch umgehend, um dem Beton freie Bahn zu schaffen. In den sechziger und siebziger Jahren schlugen Sanierungsprogramme tiefe Wunden in die historische Bausubstanz. Dennoch wirkt das ursprüngliche Stadtbild erhaltener als in anderen Hauptstädten; die Dubliner kämpfen mittlerweile um jeden Ziegelstein. Die Zerstörung der Wikingersiedlung wurde zum Pyrrhussieg der Modernisierer: Als man dann noch gleich nebenan den heruntergekommenen „Temple Bar"-Distrikt planieren wollte, um mitten in der Altstadt ein gigantisches Busdepot (!) zu bauen, formierte sich eine beispiellose Allianz von Denkmalschützern, Geschäftsleuten, empörten Bürgern und jugendlichen Punks. Heute ist die behutsam renovierte Temple Bar zu neuer Lebendigkeit in alten Mauern erwacht und eine Attraktion für Dubs wie Besucher geworden.

Im übrigen kann es als bezeichnend gelten, daß Dublin praktisch keine richtige Autobahn hat. Eine der wenigen angefangenen Strecken, die diesen Namen verdienen würde, führt vom Flughafen stadteinwärts, endet aber drei Kilometer vor der Innenstadt abrupt in einem verwirrenden Konglomerat von Straßen: Markthändler schieben ihre Karren bei Rot über die Kreuzung, pferdebegeisterte Kinder hetzen ihre Ponys im vollen Galopp über die Fahrbahn, röhrende Doppeldeckerbusse quetschen sich um enge Kurven, alte Ladies lehnen aus den Fenstern und brüllen sich quer über die ganze Szenerie den neusten Klatsch zu, während der entnervte und linksverkehrgeschädigte Mietwagenfahrer vom Kontinent verzweifelt zum Stadtplan greift.

Oh ja, Dublin ist modern geworden – in den Industriegebieten am Stadtrand haben sich Elektronikfabriken breitgemacht, und in den feinen Geschäften der Grafton Street gibt es längst viel mehr als vorzugsweise irische Strickwaren zu kaufen. Aber wer in die Seitenstraßen und Gassen abzweigt, kann immer noch das Dublin finden, durch das schon Stephen Dedalus, der melancholische Held aus dem Roman „Ulysses" von James Joyce, einen Tag lang wandelte.

„Wenn irische Augen lächeln" – der Charme der „Dubs"

Von der sonst fast überall vielzitierten, zwischenmenschlichen Kälte urbanen Lebens ist in Dublin nicht viel zu spüren. Immer noch ist die Stadt ein großes Dorf, wo man sich kennt und an jeder Ecke einen Bekannten trifft oder ihn zumindest so behandelt. Die Dubliner haben fast immer Zeit für ein Schwätzchen, und bis zur nächsten Kneipe ist es nie weit, denn reden macht bekanntlich durstig. Sie sprechen schnell und leicht nuschelig in ihrem einzigartigen „Dublinerisch", das so weich ist wie irischer Whiskey. Kontaktaufnahmen gehen meistens unkompliziert und spontan vor sich, ohne daß dabei aufgeplusterte Lässigkeit zur Schau gestellt wird. Wer mit witzigen Schlagfertigkeiten mithalten kann, erntet Hochachtung. Kleine Frechheiten sind dabei erlaubt, ja erwünscht, ist doch jedes Gespräch ein rhetorischer Wettstreit, der schnell zum Mannschaftssport wird, sofern sich noch andere Menschen in Hörweite befinden.

Die meisten Iren empfinden es als unnatürlich, neben einem fremden Menschen zu stehen oder zu sitzen, an der Bushaltestelle zum Beispiel, ohne auch nur ein Wort zu wechseln. Der möglichen Themen sind unzählige: das Pferderennen vom vergangenen Wochenende, die jüngsten Verbrechen des Städtischen Planungsamtes, die vielen neuen Kindergesichter im Viertel, die Gebrechen der alten Miss McSoundso, und immer, immer das Wetter: Eine Bemerkung über die klimatische Großlage dient in der Regel der Einleitung einer ungezwungenen Zwiesprache. Die irische Beredsamkeit ist berüchtigt, die Dubs setzen noch einen drauf. Kunstvolle Abschweifungen können den Zuhörer mächtig verwirren. Kommt man aus dem Ausland, wird man oft nach Details der eigenen Heimat gelöchert: zum Beispiel Steuern, Löhne, Preise (Bierpreise vor allem). Die Antworten werden ausführlich, zuweilen mehrdeutig kommentiert. Dahinter steht nicht so sehr Neugierde, sondern pure Lust am Gespräch.

Diese Beredsamkeit galt schon den alten Kelten als hohe Schule der Gelehrten. Ihre Druiden erhoben die mündliche Überlieferung zur Kunstgattung; die späteren Barden, die „filis", wurden einer langen Ausbildung unterzogen, um am Hof ihres jeweiligen Herrn ja keine Langeweile aufkommen zu lassen. Die Anhänger der wortreichen Mitteilung haben ihren eigenen Schutzpatron, den heiligen Columban, der seine Schäfchen, gleich welcher Konfession, erstaunlich in Form hält. Kein Wunder, daß diese Stadt so viele Dichter und Stückeschreiber hervorgebracht hat.

Der optimale Ort für bodenlose Gespräche (oder scharfe Paraden) ist selbstverständlich der Pub, doch hier gelten eigene Gesetze, mehr dazu später. Der Charme der Dubs beschränkt sich keineswegs aufs Verbale: Je nach Milieu sehen sich die Ausführungen von ausufernden Gesten oder fein ausbalancierter, blickreicher Mimik betont. Wenn die Gelegenheit nicht für einen „Chat" reicht, registrieren sich die Menschen trotzdem gern, selbst wenn sie einen gar nicht kennen – eine schüchterne Bemerkung im Vorübergehen, ein Lächeln oder das berühmte Zwinkern, wobei der Kopf knapp und andeutungsvoll nach links gedreht wird. Mit jemandem Kontakt aufzunehmen, fällt hier kaum einem schwer; umgekehrt sollte man nicht gleich förmlich und bierernst grummeln, wenn man angesprochen wird. Worte fallen hier wie warmer Regen, also bitte, bleiben Sie nicht um jeden Preis trocken. Interessant übrigens, wie das befreundete Ausland darauf reagiert. Etwas pauschal gesagt: Deutsche und erstaunlicherweise auch Franzosen scheinen so ihre Zeit zu brauchen, um im irischen Wortschwall aufzutauen, die Engländer haben sich nach 800 Jahren inniger Beziehung daran gewöhnt, während Amerikaner, Süd- und Osteuropäer die geringsten Probleme damit haben. In letzter Instanz hängt das immer vom einzelnen ab.

Der Humor der Dubliner ist nicht frei von Sarkasmus. Wenn über eine Sache oder eine Person hergezogen wird (passiert häufig), herrscht zuweilen ein unterschwellig geringschätziger Ton vor. Die dabei vorgetragenen bissigen Bemerkungen und Formulierungen glänzen zuweilen vor sprachlichem Schliff, so daß man insgeheim doch froh ist, nicht das bedauernswerte Objekt dieser Schmährede zu sein. Wie in jeder Kunst gibt es auch hier weniger Begnadete, die Dubs haben sogar einen Namen für sie: „Begrudgers", zu deutsch etwa „mißgünstige Nörgler". Wenn jemand so in seinen Umtrieben außer Neid und Boshaftigkeit nichts zu bieten hat, fällt er übel auf. Wer zudem noch seine Gesprächspartner belehrend anödet, begeht kein Verbrechen, sondern, schlimmer noch, einen Fehler.

Geographie

Dublin befindet sich an der Ostküste Irlands, knapp 150 Kilometer vom britischen Festland entfernt und etwa auf demselben Breitengrad wie Bremen. Das County (Grafschaft) Dublin zieht sich in einem ungefähren Halbkreis von etwa 25 Kilometern Durchmesser um die Hauptstadt herum. In Stadt und County Dublin leben etwa 1,1 Million Menschen, ein Drittel der Bevölkerung der Republik Irland.

Bereits in den südlichen Vororten der Stadt beginnt die 400 Meter hohe Hügelkette der Dublin Mountains, die sich an der Küste entlangziehen und schließlich in die Wicklow Mountains (bis 800 Meter Höhe) übergehen. Um die ganze Stadt zu überschauen und zu fotografieren, gibt es in Ermangelung von Wolkenkratzern oder hohen Fernsehtürmen keinen besseren Punkt als die Kämme der Dublin Mountains.

Die Innenstadt liegt an den Ufern des Flusses Liffey und damit fast auf Meereshöhe, während das Gelände stadtauswärts hin leicht ansteigt. Der Liffey-River entspringt zwar nur 80 Kilometer entfernt in den südlichen Wicklow-Bergen, macht aber auf seinem Weg in die Hauptstadt einen 200 Kilometer langen Umweg. Im Hafen von Dublin mündet der Liffey in die Dublin Bay, um die sich die Stadt sichelförmig herumzieht. Es gibt hier zwar viele Sandstrände, doch nur wenige eignen sich zum Strandleben (siehe Kapitel „Countryside and Seaside").

Graue Wolken über Dublin?

Das „milde irische Wetter", wie es oft beschönigend heißt, steht ganz im Banne des Atlantiks. Zum Ausgleich schenkte der liebe Gott den Iren den warmen Golfstrom, damit es nicht so kalt wird wie beispielsweise in Neufundland, das auf demselben Breitengrad und am selben Ozean liegt. Es regnet in Irland häufiger als bei uns; auch im Sommer kann man Pech haben. Immerhin, es reinigt wenigstens die Luft. Vor allem ist das Klima jedoch unbeständig, so daß man nicht befürchten muß, tage- oder gar wochenlang eingeregnet zu werden. Die meisten Schauer dauern nicht länger als eine Stunde. Die schönsten und beständigsten Monate sind Mai und Juni (durchschnittlich 5 bis 7 Stunden Sonne am Tag); im Juli und August regnet es dagegen schon etwas häufiger als im Spätfrühling. Doch in den letzten Jahren haben sich, ähnlich wie bei uns, die Supersommer aneinandergereiht, so daß Anlaß zu Optimismus besteht. Die irische Ostküste und damit Dublin sind den ozeanischen Launen nicht ganz so schutzlos preisgegeben wie die wilde Westküste. In Herbst und Winter ist es oft naßkalt und nebelig; Frost und Schnee sind jedoch äußerst selten. Von Mai bis September schwanken die Temperaturen stark zwischen 14° und maximal 26°, in Januar und Februar zwischen 3° und 9°.

Selbst im Sommer sollte man für alle Fälle Regenjacke und Pullover mitnehmen (aber keine Gummistiefel, es sei denn, Sie wollen angeln). Regenschirm, Trenchcoat oder Lederjacke gehen natürlich auch. Und hat man vergessen, entsprechende Sachen einzupacken, so gibt es in den Dubliner Kaufhäusern reichlich Auswahl in Sachen Regenkleidung. Die Iren sind Experten auf diesem Gebiet.

Noch ein Tip: Falls Sie im Herbst/ Winter nach Irland fahren und in sehr billigen Hotels oder Jugendherbergen übernachten wollen, empfiehlt es sich, einen dünnen Schlafsack mitzunehmen, da die zur Verfügung gestellte Bettwäsche in solchen Häusern meistens nur aus Laken und Plastikdecken besteht. Erwarten Sie kein Daunenglück. Die preiswerten Gebäude sind oft schlecht isoliert und nicht immer ausreichend heizbar.

Geschichte

Auf einen Blick – Historische Zeittafel

Um 4000 v. Chr. Neolithische Siedlungen an der Mündung des Flusses Liffey.

Ab 250 v. Chr. Keltische Stämme („La Tène"-Kultur) lassen sich im Gebiet des heutigen Dublin nieder. Der gälische Name des Ortes lautet Baile Átha Cliath („Stadt an der befestigten Furt"). Beginn der Eisenzeit in Irland.

448 n .Chr. Der Heilige St. Patrick, seit 432 in Irland, bekehrt die Kelten an der Liffey-Mündung zum Christentum.

837 n. Chr. Wikinger ziehen plündernd an den irischen Küsten entlang und fahren auch den Liffey hinauf.

841 n. Chr. Norwegische Wikinger errichten in der Nähe der heutigen Christ Church Cathedral eine feste Siedlung mit dem Namen Dubh-Linn oder Dyflinn. Fortgesetzte Kämpfe mit den umliegenden keltischen Kleinkönigreichen, aber auch mit neuen Wikinger-Invasoren.

919 Die Wikinger setzen sich fest. Dublin wird Handelsstützpunkt.

1040 Schlacht von **Clontarf** (heute ein Vorort von Dublin). Brian Boru, Hochkönig der gälischen Iren, besiegt die Wikinger, fällt aber im Kampf.

1169 Ein englisch-normannisches Heer unter Gilbert FitzRichard, genannt Strongbow, erobert Teile von Irland.

1172 König Heinrich II. besucht Dublin und überläßt sie seinen Rittern aus Bristol.

Ab 1204 Dublin Castle und eine Stadtmauer werden errichtet. Dublin ist normannisches Machtzentrum in Irland.

1347/48 4000 von 8000 Bewohnern Dublins fallen der Pest zum Opfer.

1537 König Heinrich VIII. von England setzt die Reformation in Irland durch. Klöster werden aufgelöst, Kirchen und ihre Ländereien beschlagnahmt. Die Iren leisten Widerstand.

1541 Heinrich VIII. nimmt den Titel „König von Irland" an.

1592 Königin Elisabeth I läßt das Trinity College in Dublin gründen. Nur Protestanten dürfen sich hier ausbilden lassen.

1601 Niederlage der Clanchiefs bei Kinsale und anschließende Flucht des keltischen Adels nach Frankreich.

1649 Oliver Cromwell landet bei Dublin, um Irland, das im englischen Bürgerkrieg auf seiten König Karls gestanden hatte, zurückzuerobern. Landenteignungen und Ansiedlung englischer Kriegsveteranen.

1685 Der katholische Schotte Jacob II besteigt den englischen Thron.

1688 Der Holländer und Protestant Wilhelm von Oranien wird zum englischen Gegenkönig ausgerufen. „Glory Revolution" in England und anschließender Thronfolgekrieg, der überwiegend in Irland ausgefochten wird.

1690 Wilhelm von Oranien besiegt Jacob II am Fluß Boyne, 50 Kilometer nördlich von Dublin.

1692 „Penal Laws": Englische Strafgesetze schließen Katholiken von fast allen öffentlichen Ämtern aus. Unterdrückung des katholischen Glaubens.

1713 Jonathan Swift wird Dekan der St. Patrick's Cathedral.

Ab 1720 Beginn des „georgianischen Zeitalters". Dublin wächst zur zweitgrößten Stadt des britischen Reiches.

1742 Händel führt seinen „Messias" in der Music Hall auf.

1759 Gründung der Guinness Brauerei.

1781 Baubeginn Custom House.

1782 Der anglo-irische, protestantische Adel bekommt in Dublin ein eigenes Parlament unter Oberherrschaft der englischen Krone.

1785 Baubeginn Four Courts. Blütezeit des georgianischen Dublins.

1798 Aufstand der „United Irishmen" scheitert. Anführer Wolfe Tone begeht im Dubliner Gefängnis Selbstmord.

1800 Act of Union. Als Reaktion auf den Aufstand von 1798 löst sich das irische Parlament selbst auf und wird Bestandteil von Westminster. Adel und Anhang ziehen nach London um. Der Staatsname lautet nun „Vereinigtes Königreich von Großbritannien und Irland". Kulturelle und wirtschaftliche Verödung Dublins.

1803 Robert Emmet, ein Protestant, organisiert einen Aufstand gegen die britische Herrschaft und wird hingerichtet.

1823 Der Kampf um die rechtliche Gleichstellung der Katholiken beginnt unter der Führung von Daniel O' Connell.

1829 Die Antikatholischen Strafgesetze von 1692 werden aufgehoben.

1841 Daniel O' Connell wird zum Bürgermeister Dublins gewählt.

1846-1850 Große Hungersnot infolge der Kartoffelfäule. Eine Million Iren verhungern, eineinhalb Millionen wandern nach Übersee aus.

Ab 1866 Anti-britische Geheimbünde, sogenannte „Fenier", zetteln regionale Aufstände an.

1875 Charles Stewart Parnell führt die Irische Partei ins britische Unterhaus und kämpft dort für die „Home Rule" (Selbstverwaltung).

Ab 1885 Renaissance der beinahe ausgestorbenen irischen (gälischen) Sprache, die nun von kulturnationalistischen Intellektuellen verbreitet wird.

1904 Das Abbey-Theater wird gegründet. Die englischsprachige, irische Literatur erlebt einen ersten Höhepunkt.

1913 Generalstreik und Aussperrung in Dublin. James Larkin führt die Irische Gewerkschaft und als ihren bewaffneten Arm, gemeinsam mit dem Sozialisten James Connolly, die „Irish Citizen's Army".

1914 Beginn des Ersten Weltkrieges. Die 1912 verabschiedete Home Rule wird auf unbestimmte Zeit verschoben. 200.000 Iren dienen in der englischen Armee.

1916 Osteraufstand der Irish Volunteers und der Irish Citizen's Army bricht nach sechstägigen Kämpfen mit der britischen Armee in der Innenstadt zusammen. 15 Anführer werden von den Engländern standrechtlich hingerichtet.

1918 Die Partei Sinn Féin („Wir selbst allein") erringt bei den Wahlen zum britischen Parlament die riesige Mehrheit der irischen Sitze. Die Abgeordneten reisen nicht nach London.

1919 Das irische Parlament („Dáil Eireann") tritt illegal zusammen. Beginn des Guerillakrieges der Irisch-Republikanischen Armee (IRA) gegen die englischen Besatzungsstreitkräfte.

1921 Waffenstillstand und Teilung des Landes. Die sechs nördlichen Grafschaften Irlands bleiben bei Großbritannien. In Dublin bildet sich eine Regierung des neugegründeten Freistaates Irland.

1922 James Joyce veröffentlicht den „Ulysses".

1923 William Butler Yeats erhält den Nobelpreis für Literatur.

1922-1923 Bürgerkrieg zwischen Befürwortern und Gegnern des Teilungsvertrages. Kämpfe auch in Dublin. Militärische Niederlage der von Eamon de Valera angeführten Vertragsgegner.

1925 Nobelpreis der Literatur für George Bernhard Shaw.

1932 Wahlsieg Eamon de Valeras und seiner Partei „Fianna Fáil".

1937 Irland („Eire") bekommt eine neue Verfassung und löst sich endgültig von Großbritannien.

1939-1945 Zweiter Weltkrieg. Irland bleibt neutral.

1949 Der Freistaat Irland nennt sich von nun an Republik.

1955 Beitritt zu den Vereinten Nationen.

1966 Die Nelson-Säule, ein Monument aus britischer Zeit, wird von einer IRA-Bombe zerlegt.

1968 Antikatholische Pogrome in Belfast. Beginn des Bürgerkrieges in Nordirland. Intervention britischer Truppen. Wiedererstarken von Sinn Féin und IRA.

1969 Samuel Beckett erhält den Nobelpreis für Literatur.

1972 Beitritt der Republik Irland zur Europäischen Gemeinschaft.

1986 Eine Volksabstimmung lehnt den Gesetzentwurf zur Legalisierung der Ehescheidung ab.

1990 Irland übernimmt für ein Jahr die Präsidentschaft der EG.

Seit 1990 Der Altstadtbezirk „Temple Bar" wird restauriert.

1991 Dublin wird für ein Jahr Kulturhauptstadt Europas.

Seit 1994 Friedensverhandlungen zwischen Dublin, London und der Sinn Féin (politischer Arm der IRA).

1995 Nobelpreis der Literatur für Seamus Heaney. Eine knappe Mehrheit entscheidet sich bei einer Volksabstimmung dafür, das Scheidungsverbot aus der irischen Verfassung zu streichen.

Morgendämmerung

Kelten, Druiden und Mönche

Noch lange, nachdem sich vor etwa 11.000 Jahren die Gletscher der letzten Eiszeit zurückgezogen hatten, muß es eine trockene Landbrücke zwischen Irland und Britannien gegeben haben, über die um 7.000 v. Chr. mesolithische Jäger und Sammler nach Irland kamen. In der Jungsteinzeit wanderten dann, wiederum von Britannien, neolithische Siedler ein, die ähnliche Megalith-Rätsel in Stein hinterließen wie die Baumeister des südenglischen Stonehenge.

Die ersten Vorfahren der heutigen Dubliner aber waren Kelten, die sich ab 400 v. Chr. über ganz Nordwesteuropa ausbreiteten und um 250 v. Chr. die Bucht von Dublin erreichten. Mit ihren Eisenwaffen und zahlenmäßig großen Stammesverbänden waren sie den Ureinwohnern weit überlegen. Ihre Siedlung an der Liffey-Mündung hieß gälisch „Baile Átha Cliath", die „Stadt an der befestigten Furt". Das Land wurde in 150 Kleinkönigreiche („Túath") der Clans gegliedert; wahrscheinlich entstand auch Dublin aus solch einer Stammesherrschaft. Über dem Kleinkönig (Rí) eines Túath stand der König einer der vier historischen Altprovinzen Irlands (Leinster, **Ulster**, Munster und **Connaught**; im Falle Dublin wohl das Königtum von Leinster). Die lose verbundenen Provinzkönige wählten ihrerseits den allirischen Hochkönig (Ard Rí). Daß sich die irischen Stämme angesichts so vieler Unterherrschaften gegenseitig oft bekriegten, liegt auf der Hand und wurde in mündlichen Überlieferungen mythisch weitererzählt, bis es ab dem 7. Jahrhundert von christlichen Mönchen schriftlich festgehalten wurde (siehe Kapitel „Barden und Poeten").

Die Römer hatten Irland nie erobert, es wohl auch nicht ernsthaft versucht, von gelegentlichen Sklavenfischzügen abgesehen. Bekannt war es ihnen schon; auf ihren Karten wurde es als „Hibernia" verzeichnet. Sicher kam häufig Besuch herüber aus Römisch-Britannien, zum Beispiel der griechische Geograph Ptolomäus, der im 3. Jahrhundert n. Chr. ein Dorf namens Eblana erwähnte – gemeint war Dublin.

Der Heilige Patrick (keltisch „Padraig"), römischer Brite und ehemaliger Sklave, ruderte ebenfalls von Britannien kommend nach Irland. Seine Mission (um 450 n. Chr.) geriet praktisch im Alleingang zum vollen Erfolg: Binnen einer Generation wurden aus heidnischen Gaelen gläubige Iren. Zugute kam Patrick dabei, daß er seine irische Mönchskirche geschmeidig an das Stammessystem der Kelten anpaßte. Die Äbte der großen Klöster waren gleichzeitig Bischöfe, die Tochterklöster in den Kleinkönigreichen gründeten; Bistum und Provinzkönigreich (Rí Ruireg) wiederum blieben territorial identisch, so daß man die Teilung geistlicher und weltlicher Macht ganz der jeweils zuständigen Sippe überlassen konnte. Die Religionshistoriker nennen dieses Phänomen Eigenkirche; der Leitung in Rom allerdings war das dezentralistische Tun der irischen Brüder ein Greuel, das man dann erst im Jahre 1152 auf der Synode von Kells in den Griff bekam.

Der gute Patrick verstand es geschickt, die Dämonen und Geister der keltischen Mythologie nicht vollständig zu verketzern, sondern irgendwie mit dem christlichen Glauben in Einklang zu bringen: hier ein Heiliger, dort ein Märtyrer, eine möglicherweise blumig veranschaulichte Dreifaltigkeit – ist doch alles gar nicht so schwer, liebe Gemeinde. Christus wurde so zur Inkarnation der Sagengestalt Cuchullainn, und die Heilige Brigid ersetzte nahtlos eine altkeltische Fruchbarkeitsgöttin. Wer ohne Feuer und Schwert im Land der rothaarigen Krieger missionieren wollte, mußte flexibel sein. Festzuhalten gilt jedenfalls, daß Reste keltischen Aberglaubens bis in die heutige Zeit überliefert blieben, ohne damit der sprichwörtlichen Frömmigkeit der irischen Katholiken irgendeinen Abbruch getan zu haben.

Denkbar ist auch, daß Patrick und seine Mannen für reibungslose Kontinuität sorgten, indem sie jeden halbwegs überzeugten Dorf-Druiden flugs zum Pater ernannten. Schon im 7. Jahrhundert konnte die irische Mönchskirche ihrerseits zur Mission ausschwärmen – nach den Wirren der Völkerwanderungen harrten auf dem Kontinent viele neue Heidenkinder wie etwa Sachsen und Franken der Erleuchtung. Die berühmtesten Klostergründungen des europäischen Frühmittelalters, darunter auch St. Gallen in der Schweiz, gingen auf irische Mönche zurück.

Die Figur des rustikalen St. Patrick ist auch heute noch sehr populär bei den Iren in aller Welt. Jedes Jahr am 17. März wird der Jahrestag von Patricks Ankunft auf der grünen Insel mit farbenprächtigen Umzügen und weltlicher Ausgelassenheit überall dort gefeiert, wo Iren zuhauf leben – sei es in Dublin, Boston oder Sydney.

Wikinger am River Liffey

Um 800 n. Chr. begannen die Wikinger, Europas Küsten zu brandschatzen. Nordengland und Schottland hießen ihre ersten Ziele, bis nach Irland war es dann nur noch ein Katzensprung. Norweger von der schottischen Inselgruppe der Orkneys tauchten an einem nebeligen Morgen im Jahre 837 vor der Liffey-Mündung auf. Die bewährte Taktik lautete: Man fahre die Küste entlang und den Fluß hinauf, plündere alles in Ufernähe und ziehe sich dann blitzschnell zurück. Die schlanken Segelboote mit den furchterregenden Drachenköpfen am Bug waren flink, hatten wenig Tiefgang und konnten bei Flaute mit hohem Tempo auch gegen die Strömung gerudert werden. Den Iren fiel zunächst außer vorübergehender Flucht in die Berge kein Mittel gegen diese immer regelmäßiger werdende Plage ein.

Im Jahre 841 wurden die Wikinger in Baile Átha Cliath seßhaft. Dort, wo ein Bach namens Poddle in den Liffey mündete und einen Teich bildete, bauten die Nordmänner ihr „Dubh-Linn", je nach Quelle auch „Dyflinn" genannt, zu deutsch: Schwarzer Teich. Dublin hatte seinen Namen weg, es lag nun ungefähr da, wo sich am heutigen Südufer des Liffey die Christ Church Cathedral und die Old Town befinden. Die Siedlung diente zunächst nur als Stützpunkt und Winterlager und konnte auch nicht durchgängig gegen die Iren gehalten werden. Doch ab 919 war Dubh-Linn ein etablierter Wikingerort, der Handelsbeziehungen zur Umgebung unterhielt. 925 ließen sich die Wikinger taufen.

Im Jahre 1014 bot Dublin den Schauplatz einer großen Schlacht. Der irische Hochkönig Brian Boru führte die vorübergehend vereinigten Iren sowie einige verbündete Norweger und Dänen bei **Clontarf**, einem heutigen Vorort, in den Kampf gegen die Wikinger, die ihrerseits örtliche Kelten als Bundesgenossen in den Reihen zählten – die ethnischen Grenzen zwischen den beiden Völkern waren längst schon schwammig geworden. Der greise Brian Boru siegte, wurde jedoch am Abend des Triumphes in seinem Zelt meuchlings ermordet; einer anderen Überlieferung zufolge fiel er in der Schlacht. Auf jeden Fall eröffnete sein Kriegertod eine lange und fatale Reihe irischer Freiheitshelden und Märtyrer.

Erst jetzt wurde das Dorf Dublin zur wichtigsten Siedlung in Irland. Bis dahin größere Städte im Süden wie Waterford und Wexford schrumpften nach dem Rückzug der Wikinger. Diejenigen

Nordmänner, die dablieben, assimilierten sich und waren nach spätestens einer Generation echte Dubliner.

Anglonormannische Eroberer

Die Machtkämpfe der irischen Clans dauerten jedoch an. Dermot Mac Murrough, König von Leinster, richtete 1169 ein Hilfegesuch an den englisch-normannischen Monarchen Heinrich II. Dieser hatte bereits seit 1155 die päpstliche Bulle „Laudatiter" in der Tasche, die besagte, daß er in Irland eingreifen dürfe, um die widerspenstige Mönchskirche zu reformieren. Der damalige Papst Hadrian IV war, nebenbei bemerkt, ein Landsmann des englischen Königs. Der Hilferuf des bedrängten Fürsten Dermot erschien ihm als der geeignete Anlaß, die Hand nach Irland auszustrecken. So landeten 1169 anglowalisische Normannen unter Führung des Edelmannes Gilbert FitzRichard, genannt Strongbow, in Wexford. Sie trugen Eisenhelme und Panzerhemden; die weitreichenden Pfeile ihrer Bogenschützen waren in ganz Europa gefürchtet. Ein Jahr später nahmen die Eroberer Dublin ein. 1172 besuchte Heinrich II. die Stadt und gab sie „Meinen treuen Mannen aus Bristol" als Lehen. Das gälische Clan- und Sippensystem wurde zumindest in den küstennahen Gebieten durch feudale Machtstrukturen verdrängt.

Die neuen Herren veränderten den kleinen Ort nachhaltig. Am Südufer des Liffey, zweieinhalb Kilometer von der Meeresmündung entfernt, bauten sie eine Stadtmauer gegen die im Umland noch kämpfenden Iren sowie ab 1204 ein mächtiges Schloß (Dublin Castle), von dem aus sie ihre beginnende Herrschaft über Irland koordinierten. Dieses ursprünglich viertürmige Schloß blieb bis 1921 Zentrum englischer Macht über Irland!

Einwanderer – Ritter, Beamte, Kaufleute und Handwerker – ließen sich in Dublin nieder. Die straffe Verwaltung umfaßte englische Gerichtsbarkeit, Zünfte, eine Militärgarnison und einen „loyalen" Stadtrat. Die gälischsprachigen Iren wurden Bürger zweiter Klasse; ihre Hütten duckten sich in den Schatten der neuen Kathedralen Christ Church (1172) und St. Patrick (1191). Die normannische Militäraristokratie gab den Ton an.

Überall in Irland gesellten sich nun zu den gälischen Dörfern und Klöstern normannische Zwingburgen und Herrenhäuser. Trotzdem mischten sich Iren und Anglonormannen mit der Zeit; die kulturelle Assimilation auch dieser Eroberer war trotz Heiratsschranken und Verbot der irischen Sprache zumindest in der Provinz nur schwer aufzuhalten. Lediglich Dublin blieb eine Hochburg der normannischen Kultur.

Die englische Herrschaft über Irland stand zuweilen auf wackeligen Füßen, wie der Angriff Edward Bruce, Bruder des schottischen Königs, im Jahre 1317 deutlich machte. Um Dublin herum kontrollierten die Engländer phasenweise nur einen kleinen Streifen Land, den sie „The Pale" nannten. Jenseits davon begann immer noch das Land der Clans.

Blutige Blütezeit

Vom Dorf zur Stadt

Dublin erlebte eine 170 Jahre dauernde, mittelalterliche Blütezeit. Die Bevölkerung wuchs auf 8.000 Menschen an. Handelskoggen fuhren in die Liffeymündung ein, um an den Planken des Woodquay zu laden. In den Gassen wimmelte es von Handwerkern und Kleinhändlern; in Friedenszeiten durften die gälischen Bauern ihre Viehherden in die Stadt treiben, um sie auf den Fleischmärkten der High Street zu verkaufen. Zölle und Abgaben sorgten dafür, daß die Herren an jedem Handel mitverdienten. Vor den Stadtmauern entstanden Klöster, Mönchsschulen, Novizenhäuser und Abteien so berühmter Orden wie die der Karmeliter, Franziskaner, Zisterzienser und Dominikaner. Die umliegenden Hügel blieben als Jagdreviere den Edelleuten vorbehalten.

Der bescheidene Wohlstand endete jäh, als 1347 die Pest nach Dublin kam. 4.000 der 8.000 Bewohner fielen dem „Schwarzen Tod" zum Opfer. Im 15. Jahrhundert forderten die englischen Rosenkriege von den jetzt anglo-irischen Normannen klare Parteinahme entweder für das Haus Lancaster oder für das Haus York. Neue Koalitionen und Feindbilder entstanden. Garrett Moore, achter Earl von Kildare (100 Kilometer westlich von Dublin) und längst irischer als die Iren, war gegen Ende des 15. Jahrhunderts der mächtigste Mann in Irland und ein ernstzunehmender Gegenspieler des auf **Schloß Dublin** residierenden Vizekönigs. 1534 erhob sich zum ersten Mal ein normannischer Edelmann gegen die Krone: Lord Thomas Fitzgerald, im Volk bekannter als Silken Thomas. An der Spitze seiner bewaffneten Mannen ritt er in die **Abtei St. Mary** in der Capel Street ein und warf der verdutzten Ratsversammlung sein Schwert auf den Tisch. Drei Jahre später wurde der rebellische Lord in London hingerichtet. Die Iren und selbst ihre normannische Aristokratie („Anglo-Iren") begannen eine eigene Identität zu entwickeln. Dieser Prozeß erhielt in der frühen Neuzeit eine neue, mörderische Dynamik. Der Anstoß hierzu kam wieder einmal von der anderen Seite der Irischen See.

Reformation und Widerstand

König Heinrichs VIII. Bruch mit Rom wurde für Irland zu einer Katastrophe. Die anglikanische Reformation (1536) führte zur Zerstörung der irischen Kirche. 400 Klöster wurden aufgelöst und säkularisiert, ihre Ländereien enteignet und an loyale Untertanen verteilt. Die großen Kathedralen gingen in die Hände der neugegründeten protestantischen Church of Ireland über – und da befinden sie sich auch heute noch. Das Haus Kildare wurde entmachtet. Als der Triumph perfekt erschien, ließ sich Heinrich VIII 1541 zum König von Irland ausrufen. Oberster Souverän der Iren war er ja ohnehin schon, aber formell hatte King Henry bis dahin nur den Titel „Lord of Ireland" innegehabt. Wer weiterhin zur Oberschicht gehören wollte, mußte den neuen Glauben annehmen. Das taten keineswegs alle. Ein Riß ging quer durch den irischen Adel.

Bei den Menschen der Unterschichten verbanden sich Volksfrömmigkeit und anti-englischer Widerstand. Der Glaube wurde plötzlich zu einer Sache nationaler Identität. Eine Welle von Rebellionen rollte jahrzehntelang durch das Land. London schickte Soldaten und Waffen, doch die Iren scharten sich um ihre aufmüpfigen Grafen: Red Hugh O' Donnell, Hugh O' Neill und andere Clanführer machten das Hinterland unsicher. Englands Feinde galten als willkommene Verbündete. Der Papst und die spanische Krone unterstützten die Iren, deren Widerstand nationaler Befreiungskrieg, Religionskrieg und Bürgerkrieg in einem war. Dublin entwickelte sich dabei zur Festung der englischen Präsenz.

1601 landeten 4.000 Spanier bei Kinsale in Südirland. Sie und das Heer der Chieftains (so nannte man die Führer der gälischen Clans) unterlagen den Briten. Von nun an unterstand Irland dem Common Law; es gab keine Privilegien mehr für den anglo-irischen Adel. 1607 setzten sich die Führer des Aufstandes und viele andere nach Spanien ab. Diese fast komplette Emigration der alten Oberschicht ging als „Die Flucht der Grafen" in die Geschichte ein.

Mit jeder irischen Niederlage aber wuchs Dublin: Soldaten, Kriegsgewinnler und Beamte, aber auch Gelehrte zogen in das Hauptquartier der Engländer. Katholischerseits flüchteten enteignete Landbesitzer und versprengte Kämpfer in die anschwellenden Elendsquartiere der Stadt. Königin Elisabeth I ließ 1592 in Dublin das protestantische Trinity College auf dem Grund des ehemaligen Klosters All Hallow gründen, um Dublin auch geistig zu einer Festung des neuen Glaubens zu machen. Dublin blieb von den Kämpfen verschont, prosperierte sogar leicht: Bürgermeister Lord Deputy Thomas Wentworth bemühte sich um elisabethanische Eleganz für seine Hauptstadt. In diese Zeit fällt die Einweihung des ersten Theaters in Dublin.

Cromwell in Irland

Als ein halbes Jahrhundert später England im Bürgerkrieg zwischen Parlament und König versank, nutzte Irland die englische Schwäche zu einer Reihe erfolgreicher Aufstände. Die Rache folgte auf dem Fuße: 1649 landete Lordprotector Oliver Cromwell mit 12.000 puritanisch gesonnenen Soldaten in Irland und machte Dublin zur Basis seiner dreijährigen Strafexpedition. Neben Massakern brachte der brutale Feldzug vor allem eine Massenenteignung hervor: Alle Landbesitzer, die sich nicht loyal verhalten hatten, wurden von ihren Ländereien auf die unfruchtbaren Moorebenen der Provinz **Connaught** vertrieben. Englische Offiziere und Veteranen übernahmen die leeren Höfe. In der nordirischen Provinz **Ulster** wurden zehntausende Puritaner und schottische Presbyterianer angesiedelt („Plantations") – ein Grundstein für den Nordirlandkonflikt unserer Tage.

Die Krone bezwingt die Harfe

Mit dem Tod Cromwells schied auch die Republik England dahin und die Monarchie wurde wieder eingeführt. 1685 bestieg mit Jacob (James) II zum erstenmal seit der Reformation wieder ein Katholik den Thron. Seine Gegner riefen in London den Holländer Wilhelm von Oranien zum Gegenkönig aus („Glorious Revolution"). Jacob floh mit seinen Anhängern nach Irland, wohl in der berechtigten Hoffnung, am ehesten noch hier ein katholisches Heer aufstellen zu können. Dublin empfing „seinen" König jubelnd, als dieser 1688 in der Stadt eintraf. Überall in Irland ging man nun erneut gegen die Krone vor. In Nordirland wurde die protestantisch beherrschte Stadt (London-)Derry wochenlang, aber vergeblich belagert. Das ganze war im Grunde grotesk: Ein Schotte (James) und ein Holländer (William) stritten mit Hilfe französischer Söldner um den englischen Thron – auf irischem Boden.

Doch erneut hatte man auf das falsche Pferd gesetzt. Am 12. Juli 1690 trafen am River Boyne, 50 Kilometer nordwestlich von Dublin, die verfeindeten Heere aufeinander. William The Orange (auf den sich Nordirlands radikale Protestanten heute noch berufen) siegte über Jacob II.

Großbritannien wollte in Sachen Irland nun Nägel mit Köpfen machen. Der Aufstände leid, ging man zum wirtschaftlichen Würgegriff über. Die „Penal Laws" (Strafgesetze) wurden eingeführt: Katholiken, ob adelig oder nicht, durften jetzt grundsätzlich weder Land besitzen noch im Parlament vertreten sein noch öffentliche Ämter ausüben. Irland war es von nun an untersagt, Wolle zu exportieren und damit den englischen Produzenten Konkurrenz zu machen. Die Religionsausübung wurde so stark eingeschränkt, daß der Katholizismus faktisch nur noch im Untergrund stattfand. In Ulster wurden zusätzliche Siedler aus Großbritannien mit Landschenkungen bedacht. Die Strafmaßnahmen fielen im ganzen so rigoros aus, daß alle Iren, ob Protestanten oder Katholiken, darunter zu leiden hatten. Irland sank endgültig auf den Status einer ausgebeuteten Kolonie herab.

Eine Perle des Empires

Als das Land in Rebellion, Krieg und Armut watete, profitierte Dublin paradoxerweise von seiner isolierten Hauptstadtfunktion. Bereits nach dem Tod Cromwells (der „Schlächter Irlands" heißt es über ihn in einer Ballade) hatte der Herzog von Ormonde als neuer Bürgermeister (1662) Wiederaufbaumaßnahmen angeordnet. Die zu eng gewordene und militärisch nutzlose Stadtmauer aus der Normannenzeit wurde größtenteils eingerissen (Reste sind heute in der Nähe der Christ Church Cathedral zu sehen). Das Theater in der Smock Alley wurde glanzvoll wiedereröffnet. Draußen in Kilmainham baute man nach dem Vorbild des Hôtel des Invalides in Paris das Royal Hospital für Kriegsversehrte (siehe Kapitel „Vororte", Abschnitt „Kilmainham").

Das 18. Jahrhundert, die „georgianische Ära" (so benannt, weil England vier Könige hintereinander mit Namen George bekam), geriet zum Goldenen Zeitalter Dublins, das einen beispiellosen Aufstieg zur zweitgrößten Stadt des Empire erlebte. Keine andere Epoche hat hier so viele bis heute sichtbare Spuren hinterlassen. Die Straßen erhielten Kopfsteinpflaster, die Wohlhabenden bauten sich mehrgeschossige, elegante Stadtvillen außerhalb der Old Town am Mountjoy Square, am Merrion Square und am Fitzwilliam Square (erkennbar an den Rundbögen über den bunten Türen mit ihren glänzenden Messinggriffen). Die Grünanlagen Phoenix Park und St. Stephen's Green wurden angelegt. Kultur, Müßiggang, ja Frivolität zogen in Dublin ein. Dandys buhlten um schöne Ladies, während die Ehrsüchtigen sich in den neuen Parks zum Duell verabredeten.

Die Künste blühten auf, und viele kreative Geister zog es nach Dublin. 1742 kam Georg Friedrich Händel in die Stadt, um in der Music Hall in der Fishamble Street am 13. April die Uraufführung seines „Messias" zu leiten. Der Komponist aus Deutschland hat Dublin mehrmals besucht.

Die Stadt dehnte sich über den Liffey nach Norden und nach Süden in den Wald von St. Stephen's Green aus. Die architektonischen Perlen dieser Zeit sind das „Custom House" (Zollamt) und die „Four Courts" (Gerichtsgebäude) mit ihren korinthischen Säulenfronten und grünen Kupferdächern. Beide von Architekt James Gandon entworfene Häuser stehen am Nordufer, etwa eine Meile voneinander entfernt, und bilden bis in unsere Zeit unübersehbare Landmarken in Dublins Innenstadt. Da die Quays am mittlerweile begradigten Fluß nicht mehr ausreichten, um die Schiffe zu entladen, begann man damit, an der Meeresmündung neue Hafenanlagen zu bauen. Die Wasserstraßen Royal Canal und Grand Canal wurden ringförmig um die Dubliner Innenstadt gezogen, um Waren aus dem Binnenland an die neuen Quays zu transportieren. Endlich konnte man jetzt Brücken über den entlasteten Liffey bauen, um Süd- und Nordstadt zu verbinden. Und Arthur Guinness gründete 1759 die St. James's Gate Brewery, in der dann seit 1775 das weltberühmte Schwarzbier „Guinness" gebraut wurde.

Eine überwiegend protestantische Ober- und Mittelschicht („Ascendancy") bevölkerte damals die breiten Straßen in den besseren Teilen der Stadt. Einer von ihnen aber empörte sich über das Elend der Kranken, Armen und Tagelöhner in den Hinterhöfen und Gassen: Jonathan Swift, seit 1713 Dekan der St. Patrick's Cathedral, engagierte sich für allerlei karitative Zwecke. Unter anderem stiftete er eine Anstalt für Geisteskranke. Seine Dekanei lag zwischen St. Patrick's und der Marsh's Library. Gleich einen Häuserblock westlich davon begannen die „Liberties", die berüchtigten Elendsquartiere Dublins. Jeden Tag konnte Swift hier den Schattenseiten seiner Heimatstadt begegnen. Zeit seines Lebens prangerte er die sozialen Mißstände an; unter anderem veröffentlichte er den ironischen Vorschlag, „man möge doch Kinderfleisch essen, um das Elend zu beseitigen". Ruhm erlangte er als sarkastischer Literat – Swift ist der Autor von „Gullivers Reisen".

Politisch standen die Zeichen auf Entspannung. Die „Penal Laws" wurden gelockert und Irland bekam wieder ein eigenes Parlament, das im eigens dafür gebauten „Parlament House" (1782) am College Green gegenüber des Trinity College untergebracht wurde. Die in diesem Prachtbau tagenden Abgeordneten repräsentierten jedoch nur eine verschwindende Minderheit der Bevölkerung: wahlberechtigt waren ausschließlich reiche, protestantische Landbesitzer männlichen Geschlechts. Trotzdem genoß „Grattans Parlament", benannt nach seinem ersten Vorsitzenden Henry Grattan, ein gewisses Ansehen, weil es Ausdruck neuen irischen Selbstbewußtseins war. Viel zu beschließen gab es allerdings nicht, weil die Regierung in London saß und den britischen Vizekönig von Irland die Amtsgeschäfte besorgen ließ. Die Macht ging immer noch von **Dublin Castle** aus.

Der Weg zur Republik

United Irishmen

Die französische Revolution von 1789 beflügelte die Intellektuellen ganz Europas. Auch in Irland machten republikanische Ideale die Runde. In den Salons wurde recht offen diskutiert, ob man sich mehr Autonomie von England wünschen oder nicht besser gleich die Unabhängigkeit anstreben sollte. Selbst die irische Oberschicht verfolgte mittlerweile wirtschaftliche und politische Interessen, die teilweise von denen Englands abwichen. Mit Spannung hatte man auch den Unabhängigkeitskrieg der neugeborenen USA beobachtet.

Ein protestantischer Rechtsanwalt aus dem County (Grafschaft) Kildare gründete 1792 den Geheimbund „United Irishmen". Der Mann hieß Wolf Tone und strebte die Loslösung von England an. Er konspirierte mit den Franzosen, die ihm bewaffnete Hilfe zusagten – die französische Republik als politischer Exportschlager.

1798 schlugen die United Irishmen los. Alles ging schief. Die zeitliche Koordination mit dem in County Mayo gelandeten französischen Hilfsheer wies eine Lücke von mehreren Wochen auf. Als die napoleonischen Soldaten unter dem Banner der Trikolore orientierungslos durch die Sümpfe Mayos irrten, waren die Rebellen der United Irishmen schon längst geschlagen. Beim Versuch, an Bord einer französischen Fregatte zu fliehen, wurde Wolfe Tone verhaftet. Die Engländer überführten ihn nach Dublin, wo er sich im Gefängnis Kilmainham durch Selbstmord der Hinrichtung entzog. Lord Edward FitzGerald, ein weitere Anführer der United Irishmen, starb an den Folgen seiner im Kampf erlittenen Verletzungen.

Act of Union

In Dublin hatte es zwar keine Kämpfe gegeben, doch die Folgen waren erheblich. Als Reaktion auf den Aufstand entschieden die Engländer, Irland wieder an strafferen Zügeln zu führen. Mit sanftem Druck sowie Bestechung wurde das Irische Parlament dazu gebracht, sich selbst aufzulösen und seine Abgeordneten statt dessen nach Westminster zu entsenden. Das gemeinsame Staatswesen sollte „Vereinigtes Königreich von Großbritannien und Irland" heißen. 1800 trat dieser „Act of Union" mit pompösem Zeremoniell in Kraft. Die irischen Delegierten bildeten von nun an eine kleine Minderheit im Londoner Unter- und Oberhaus.

Praktisch über Nacht zog die Dubliner Oberschicht nach London um. Ihnen folgten Lakaien, Schneider, Dienstboten, Beamte und Anhänger – insgesamt einige tausend Personen. Der Exodus führte zur kulturellen und wirtschaftlichen Verödung Dublins, weil die Handwerker und Händler plötzlich ihre zahlungskräftigsten Kunden verloren hatten. Die prächtigen Villen am Rand der Innenstadt verfielen oder wurden als Schulen und Mietshäuser zweckentfremdet. Die georgianische Ära ging schlagartig zu Ende; Dublin war Provinzstadt geworden.

1803 gab es einen weiteren Aufstand, diesmal in Dublin. Patrioten unter der Führung des protestantischen Arztsohnes Robert Emmet versuchten, **Dublin Castle** einzunehmen. Die Rebellion der Salon-Revoluzzer war an Dilettantismus kaum zu überbieten. Emmet und seine Anhänger wurden zum Tode verurteilt und öffentlich gehängt. Dies und Emmets flammende Rede im Gerichtssaal reichten, um ihn in den Augen des Volkes zum Märtyrer werden zu lassen: „Erst wenn Irland seinen Platz unter den Nationen gefunden hat, erst dann verfaßt meine Grabinschrift".

„Catholic Emancipation"

Menschen aufgrund ihrer Religionszugehörigkeit zu diskriminieren, ließ sich Anfang des 19. Jahrhunderts kaum noch rechtfertigen. Aus den Massen der Slumbewohner war eine kleine, katholische Mittelschicht hervorgegangen, die ihre bürgerlichen Ansprüche geltend machte. Die rechtliche Gleichstellung kündigte sich 1815 an, als erstmals wieder ein katholisches Gotteshaus errichtet werden durfte: die St. Mary's Pro Cathedral in der Marlborough Street. Die Straßen in der Umgebung bildeten zwar Dublins Rotlichtbezirk, aber es war ein Anfang. Daniel O' Connell rief die Catholic Association ins Leben, die auf sogenannten „Monster Meetings" bis zu 1.000.000 Menschen mobilisierte. 1829 erhielten die Katholiken die längst überfälligen Bürgerrechte, und 1840 wurde O' Connell zu Dublins erstem katholischen Bürgermeister gewählt.

Der Große Hunger

Auf dem Land kündigte sich neues Unheil an: die Kleinbauern hatten sich auf ihren winzigen Parzellen auf den Anbau der genügsamen Kartoffel spezialisiert. Die Böden litten in Folge der Monokultur an Auslaugung. Zwischen 1845 und 1850 vernichtete die Kartoffelfäule fünf komplette Ernten hintereinander. Farmer, die deswegen ihre Pacht nicht mehr zahlen konnten, wurden von den Landbesitzern gnadenlos vertrieben. Eine Million Iren starben in diesen fünf Jahren an Hunger und Krankheit; eineinhalb Millionen wanderten nach Übersee aus (England sperrte seine Häfen für irische Landflüchtige). Paradoxerweise produzierte Irland weiterhin genügend Lebensmittel, doch das Fleisch der Viehbarone war für den Export bestimmt. Der „Große Hunger" geriet zu einer nationalen Katastrophe, die die Bevölkerungszahl bis 1850 halbierte.

Hungernde, von ihren Parzellen vertriebene Landbewohner strömten zu zehntausenden nach Dublin und ließen die Slums anschwellen. Typhus- und Choleraepidemien brachen aus. Irlands soziales Elend war nun auch in der Hauptstadt unübersehbar und entzündete die politischen Leidenschaften aufs neue. Die Landbesitzfrage rückte dabei in den Mittelpunkt der Debatte.

Rebellion oder Home Rule?

Während in den verarmten Provinzen „Fenians", „Republikanische Bruderschaften" und ähnliche Geheimbünde mit Terrorakten und regional begrenzten Erhebungen gegen die Großgrundbesitzer vorgingen und gleichzeitig ganze Generationen von Iren die Auswanderungsschiffe Richtung Amerika und Australien bestiegen, entstanden in Dublin zwei neue Bewegungen: Die „Land League" setzte sich seit 1879, teils mit öffentlichen Appellen, teils mit Rückkäufen von Höfen, für zwangsgeräumte Landpächter ein. Als erfolgreich erwies sich die Taktik, Profiteure der Landnot durch allgemeine Ächtung in die moralische Defensive zu drängen. Ein gewisser Captain Boycott aus dem County Mayo bekam das so nachhaltig zu spüren, daß sein Name Begriff wurde.

Die 1870 von Isaac Butt gegründete „Home-Rule"-Bewegung dagegen forderte irische Selbstverwaltung innerhalb Großbritanniens. In beiden Massenbewegungen tat sich Charles Stewart Parnell hervor, Sohn eines protestantischen Gutsbesitzers und mit 29 Jahren ins britische Parlament gewählt. Seine „Obstruktionspolitik" legte mit tage- und nächtelangen Reden den Londoner Parlamentsbetrieb lahm und lenkte so Englands öffentliche Meinung auf die „irische Frage". 1885 hatte Parnell es beinahe geschafft: Seine Irische Partei wurde mit 86 Unterhausabgeordneten zum Zünglein an der Waage. Premierminister Gladstone

Charles Stewart Parnell-Monument

stimmte einer „Home Rule Bill" zu. Zwar scheiterte dieser Gesetzentwurf genau wie ein weiterer 1893, doch das Thema war aus der britischen Politik nicht mehr wegzudenken.

Parnells politische Karriere endete jäh, als bekannt wurde, daß er ein Verhältnis mit Kitty O' Shea, Gattin eines Parteifreundes pflegte. Soviel Freizügigkeit überforderte seine politischen Freunde, die ihn entrüstet und nicht ganz ohne Doppelmoral fallen ließen. Doch als Parnell 1891 starb, folgten hunderttausende von Dublinern seinem Sarg auf dem Weg zum Friedhof nach Glasnevin im Norden der Stadt.

Die folgenden Jahrzehnte bis zum Ersten Weltkrieg veränderten Dublins Gesicht. Kunst und Literatur erreichten einen neuen Höhepunkt. Die Intellektuellen warfen sich mit Begeisterung auf alles, was irisch oder keltisch erschien. Die beinahe ausgestorbene irische Sprache sah sich zu neuem Leben erweckt, als 1893 die „Gaelic League" ins Leben gerufen wurde. Deren Mitglieder bereisten enthusiastisch die Inseln und Hochebenen der Westküste, um bei alten Bauern und Fischern das gälische Idiom zu studieren und zu verschriftlichen. Der Dichter William Butler Yeats gründete mit anderen Literaten das später legendär werdende „Abbey Theatre", um speziell irische Autoren zu fördern und irische Stücke zu spielen (siehe Kapitel „Dublin als Bühne").

Die Industrialisierung hatte die Bevölkerung auf 300.000 ansteigen lassen. Neue Vororte und neue Slums drängten sich an die Stadtgrenzen. Die einst so prächtigen Stadthäuser aus georgianischer Zeit waren zu Elendsquartieren für die Arbeiterklasse heruntergekommen, in denen sich bis zu 60 Personen eine Hoftoilette teilen mußten. Seuchen waren an der Tagesordnung.

Gewerkschaftsführer James Larkin führte 1913 seine 1907 gegründete „Irish Transport & General Workers Union" in einen neun Monate dauernden Arbeitskampf, der in Generalstreik, Aussperrung – und Niederlage mündete. Neue Bitterkeit überkam die Dubliner, und man sammelte wieder für Waffen. Parteien und Milizen schossen aus dem Boden: Arthur Griffith gründete die Partei Sinn Féin („Wir selbst allein"); 1913 entstanden die „Irish Volunteers" und als Folge des Generalstreiks die „Irish Citizen Army" unter Führung des schottischen Sozialisten James Connolly. Auf den grünen Hügeln um Dublin fanden regelrechte Freizeitmanöver statt, allerdings ohne Gewehre. Hinzu kamen politische Rückschläge: Die Ratifizierung der 1912 endlich verabschiedeten „Home Rule Bill" ließ auf sich warten, weil die Protestanten Nordirlands für den Fall einer irischen Selbstregierung mit der Abspaltung Ulsters drohten und sich bewaffneten. Mit Ausbruch des Ersten Weltkrieges wurde die Home Rule auf unbestimmte Zeit verschoben.

1916: Osteraufstand

Getreu dem irischen Sprichwort „England's difficulty is Ireland's opportunity" bereiteten Sinn Féin und IRB („Irish Republican Brotherhood") den Aufstand vor. Es war ein leicht sektiererisches Unterfangen, doch die republikanischen Intellektuellen um Arthur Griffith glaubten nicht mehr an parlamentarische Winkelzüge. Padraic Pearse gar war von der „reinigenden Wirkung" einer blutigen Erhebung überzeugt. Iroamerikanische Fenier hatten Geld und Waffen geschickt. Der Versuch, 20.000 vom deutschen Kaiserreich gespendete Gewehre ins Land zu schmuggeln, scheiterte allerdings 1916 an der britischen Küstenwache, die bei Bantry Bay in County Kerry einen unter norwegischer Flagge fahrenden deutschen Frachter aufbrachte. Dabei wurde Volunteer Roger Casement gefangengenommen. Ein böses Omen. Dennoch – die britischen Garnisonen waren infolge des Krieges auf dem Kontinent ausgedünnt. Wann, wenn nicht jetzt, dachten viele.

Am Morgen des 24. April 1916, Ostermontag, sammelten sich 1558 Irish Volunteers unter Padraic Pearse und 224 Gewerkschafter aus James Connollys Citizen Army in der **Liberty Hall** am nördlichen Liffey-Ufer, wo die Zentralen der Gewerkschaften und der Bürgermilizen untergebracht waren. Von dort marschierten sie in vier Bataillonen durch Dublin und besetzten strategisch wichtige Punkte. Nicht alle Freiwilligen waren bewaffnet. Die Passanten nahmen zunächst kaum Notiz von ihnen, denn Aufmärsche Uniformierter gehörten seit Jahren zum Straßenbild.

Dublin Castle wurde nicht besetzt, statt dessen eine nahegelegene Keksfabrik. Eamon de Valera führte seine Kompanie in das südliche Hafengebiet. Die Gräfin Markiewicz (sie war mit einem polnischen Grafen verheiratet) besetzte mit ihrer Einheit Teile des Trinity College. Pearse und Connolly führten die Hauptstreitmacht in die O' Connell Street und machten das aufgrund seiner Telefon- und Telegrafenzentralen strategisch wichtige **General Post Office** (GPO) zum Hauptquartier der Erhebung.

Auf den Stufen des Gebäudes verlas Pearse den verdutzten Bürgern die Proklamation der Republik Irland: *„Iren und Irinnen. Im Namen Gottes und der toten Generationen, von denen Irland seine alte nationale Tradition empfängt, ruft Irland seine Kinder zur Fahne, kämpft Irland für seine Freiheit. Wir verkünden das Recht des irischen Volkes, Irland zu besitzen."* Auf dem Hauptpostamt wurde Grün-Weiß-Orange als Fahne der irischen Republik gehißt. „Eine schreckliche Schönheit erblickt das Licht der Welt", dichtete der Schriftsteller William Butler Yeats über die Geburt der Republik.

Einige der Aufständischen waren selbst Dichter: Padraic Pearse, Tom MacDonagh, Joseph Plunkett. „Wenn wir sterben, ist Irland wenigstens drei schlechte Poeten los", soll Pearse gesagt haben. Die bewaffneten Verbände nannten sich ab sofort „Irische Republikanische Armee" (IRA); Padraic Pearse wurde zum Präsidenten der Provisorischen Republik Irland ernannt.

Eine vorüberreitende Abteilung englischer Soldaten erhielt Beschuß, damit endlich klar wurde, daß man es ernst meinte. Die Aufständischen verbarrikadierten sich in der Hoffnung, daß die Rebellion sich von Dublin aus über das Land ausbreiten würde. Dies geschah nicht. Die englische Armee zog Verstärkungen (18.000 Mann) und schwere Ferngeschütze nach Dublin und begann Straße um Straße die Zurückeroberung der Innenstadt. Nach einer Woche mußten die Rebellen kapitulieren. Häuserkämpfe und britischer Artilleriebeschuß hatten erhebliche Schäden angerichtet. Über 500 Menschen lagen tot in den Straßen. Die Mehrheit der Bürger reagierte völlig schockiert auf die Schlacht und war den Revolutionären nicht gerade gut gesonnen.

Die Briten verfrachteten die gefangengenommenen Führer des Osteraufstandes ins Gefängnis Kilmainham. Vom 3. bis zum 13. Mai 1916 wurden hier 15 von ihnen standrechtlich erschossen. Der im Kampf verwundete James Connolly mußte an einen Stuhl gefesselt zu seiner Füsilierung getragen werden. Mit diesen Hinrichtungen wurde den Rebellen endlich die öffentliche Sympathie zuteil, an der es ihnen zu Beginn des Aufstandes gemangelt hatte. Wut und Empörung schwappten durch Irland, neue IRA-Einheiten wurden aufgestellt, und selbst in England fragten liberale Kritiker, ob diese Härte, Kriegsrecht hin, Kriegsrecht her, nötig gewesen sei.

Zu den Parlamentswahlen 1918 stellte die Sinn Féin Kandidaten auf, die zum Teil seit 1916 im Gefängnis saßen. 70 Prozent aller Iren gaben ihnen ihre Stimme – das war die Rache für die Niederschlagung des Dubliner Osteraufstandes. Statt nach Westminster zu reisen, traten die Abgeordneten im Januar 1919 im Mansion House in der Dawson Street illegal als „Dáil Eireann", als irisches Parlament zusammen. Zum zweiten Mal innerhalb von drei Jahren wurde die Unabhängigkeit erklärt.

Teilung und Bürgerkrieg

1919 bis 1921 lieferten sich IRA und Briten einen erbitterten Guerillakrieg in allen Grafschaften. Trotz Folterung und Ermordung von Republikanern, trotz des Terrors der „Black and Tans" (eine aus entlassenen Sträflingen formierte Hilfstruppe der britischen Armee), trotz der Zerstörung ganzer Dörfer, die man heute als „ethnische Säuberung" bezeichnen würde, gelang es diesmal nicht, den Widerstand zu brechen. Am 30. Juni 1921 vereinbarte der britische Premier Lloyd George einen Waffenstillstand mit den Iren. Arthur Griffith und IRA-Chef Michael Collins reisten zu Friedensverhandlungen nach London. Eamon de Valera leitete solange die Geschäfte der Dáil Éireann in Dublin.

Gegen Jahresende 1921 unterzeichnete die irische Delegation zähneknirschend einen Friedensvertrag, der Irland einen begrenzten Status als Freistaat, vergleichbar einer Dominion des Empire, verlieh. Sechs von neun nordirischen **Ulster**-Grafschaften sollten jedoch weiterhin zum Vereinigten Königreich gehören, um den dortigen, strikt pro-britischen Protestanten eine komfortable Zweidrittel-Mehrheit zu sichern. Noch wichtiger dabei erschien der englischen Regierung, daß die „Harland & Wolff"-Schiffswerften von Belfast, damals die größten der Welt, unter britischer Kontrolle verblieben. „Sie forderten wenig und bekamen noch weniger", heißt es in einem bitteren Volkslied über den Teilungsvertrag.

Mit 64 zu 57 Stimmen nahm das irische Parlament den Vertrag nach hitziger Debatte an. Vertragsgegner Eamon de Valera trat als Parlamentspräsident zurück und formierte seine Anhänger. Teile der IRA, die sich um den Lohn für jahrelange Kämpfe und Gefängnisaufenthalte betrogen sahen, verweigerten die Demobilisierung und schlossen sich de Valera an. Im Juni 1922 begann ein zehn Monate dauernder Bürgerkrieg, der 4.000 Tote forderte und mit dem Sieg der Freistaat-Armee endete. Ihr militärischer Führer, Michael Collins, fiel an einem der letzten Kriegstage. Auch Irlands erster Premierminister Arthur Griffith, Gründer der Sinn Féin, starb während des Bürgerkrieges – an Erschöpfung und Herzversagen.

Dublins Innenstadt, besonders die Northside, wurde im Bürgerkrieg arg in Mitleidenschaft gezogen. Die Kämpfe begannen am Justizpalast „Four Courts", wo sich im Juni 1922 republikanische Streitkräfte verbarrikadiert hatten. Michael Collins ließ das Gebäude vom anderen Liffey-Ufer aus unter Artilleriebeschuß nehmen. Eine Explosion zerstörte das im Inneren befindliche Staatsarchiv; Aufzeichnungen und Dokumente aus mehreren Jahrhunderten irischer Rechtsgeschichte verbrannten oder wirbelten durch den Himmel von Dublin. „**Custom House**", Dublins zweite georgianische Perle am Liffey, brannte ebenfalls aus.

Freistaat Eire

Der Bürgerkrieg zwischen den ehemaligen Kampfgefährten vergiftete Irlands gesellschaftliches Klima auf Jahrzehnte. Der Freistaat hatte 77 seiner Gegner hinrichten lassen; beide Seiten sahen sich mit Blut beschmiert. Viele Veteranen des Unabhängigkeitskrieges fühlten sich verraten. Um die Macht zu sichern, stützte sich die ängstliche Nachkriegsregierung unter William T. Cosgrave vor allem auf die katholische Kirche, die im Gegenzug erheblichen Einfluß auf die Politik nehmen durfte. Gesundheits- und Sozialwesen kamen unter die Fittiche des Klerus, die Ehescheidung wurde verboten, und eine aus Staats- und Kirchendienern gebildete „Censorship Board" wachte mit strengen Augen darüber, daß Film und Literatur frei von staatsfeindlichen oder „unanständigen" Darstellungen blieben. Das künstlerische Leben sah sich stranguliert.

Eamon de Valera, Teilnehmer des Osteraufstandes und im Bürgerkrieg Anführer der Vertragsgegner, gründete 1926 aus den Trümmern der Sinn Féin eine neue Partei, die „Fianna Fáil" (Schar des Schicksals), und kam 1932 auf parlamentarischem Weg an die Macht. Die kommenden 40 Jahre dominierte de Valera die irische Politik. Mehrmals wurde er Premierminister und blieb zuletzt Staatspräsident bis 1973.

Während seiner ersten Regierungsperiode kappte de Valera nach und nach die letzten konstitutionellen Verbindungen mit Großbritannien. Er ließ den Treueeid auf die Krone abschaffen und die verbliebenen britischen Garnisonen schließen. 1937 verließ Irland den Commonwealth. Die starke Koalition zwischen Staat und Kirche blieb unangetastet. Alte IRA-Kämpen aber, die an der nordirischen Grenze rütteln wollten, ließ de Valera einsperren.

Neutralität und Stagnation

Im Zweiten Weltkrieg blieb Irland neutral, nicht zuletzt aus Protest gegen die Teilung des Landes. Trotzdem meldeten sich 50.000 Iren aus antifaschistischer Überzeugung freiwillig zu den Armeen Englands und Kanadas. Durch das Kriegsgeschehen auf dem Atlantik blieb Irland jahrelang vom Seehandel abgeschnitten. Lebensmittel, Kohle, Treibstoff und andere Dinge des täglichen Bedarfs mußten rationiert werden. Deutsche Kampfpiloten, die sich nachts über England verirrt hatten, warfen manchmal ihre Bomben versehentlich auf Dublin oder sprangen, wenn ihre beschädigten Maschinen den Rückflug nicht mehr schafften, über der neutralen Insel ab und ließen sich internieren. Einige von ihnen liegen südlich von Dublin auf Irlands einzigem deutschen Soldatenfriedhof begraben.

Der weltweite Wirtschaftsaufschwung nach dem Krieg ging an Irland erst einmal vorbei. Das Agrarland konnte außer überzähligen Menschen nicht viel exportieren. Schutzzölle behinderten die Industrialisierung eher, als sie zu fördern. Das geistige Klima litt an Rückständigkeit und klerikaler Intoleranz. Die Kirche etwa bestand darauf, daß Katholiken nach wie vor nicht das protestantische Trinity College besuchen dürften, obwohl dieses gar nichts mehr gegen katholische Studenten einzuwenden hatte.

Ab 1949 nannte sich Irland offiziell Republik, was es ja faktisch schon seit 1937 war. Die Zeit der Stagnation endete in den sechziger Jahren, als Irland sich wieder öffnete. Zölle wurden abgebaut, Handelsbeziehungen zu England und zur EWG aufgebaut, und staunend erfuhren die Iren ab 1962 über ihr eigenes Fernsehen „Telfís Éireann", wie liberal es draußen in der Welt zugehen konnte.

Dublin heute

Rückkehr nach Europa

Irland ist immer noch neutral, das heißt, es ist nicht Mitglied in der NATO. Ansonsten ist die Republik in den internationalen Gemeinschaften stark integriert. 1973 trat es nach einer positiv verlaufenen Volksabstimmung der Europäischen Gemeinschaft bei, was zu einem Modernisierungsschub in Industrie und Landwirtschaft führte. Irische Soldaten dienen schon lange als UN-Blauhelme. Die dunklen Tage der Zensurbehörde gehören der Vergangenheit an, so daß auch ausländische Künstler und Literaten sich nach Dublin hingezogen fühlen.

Das Regierungssystem

Irland ist parlamentarische Demokratie. Alle sieben Jahre wird der Staatspräsident („Uachtarán na hÉireann") gewählt. Seine Funktionen sind jedoch eher repräsentativer Natur. Die Legislative besteht aus dem gewählten Abgeordnetenhaus („Dáil Éireann") und aus dem Senat, in dem 60 ehrenamtlich ernannte Persönlichkeiten des öffentlichen Lebens sitzen. Die gesetzgebende Funktion liegt aber eindeutig im Haus der gewählten Abgeordneten. Das Zweikammersystem erinnert entfernt an Ober- und Unterhaus des britischen Parlaments. Der Premierminister („Taoiseach") leitet das Ministerkabinett und benötigt im Parlament nur einfache Mehrheiten. Da es bislang keine parlamentarischen Fachausschüsse gibt, ist die Macht der jeweiligen Mehrheit sehr groß.

Sowohl die jetzige Regierungspartei Fianna Fáil („Schar des Schicksals") als auch die größte Oppositionspartei „Fine Gael" („Familie der Gälen") können ihre jeweilige Geschichte aus den Fraktionen des Bürgerkrieges von 1922 / 23 herleiten. Trotzdem sind sie sich sehr ähnlich geworden – Volksparteien gemäßigt-konservativer Ausrichtung, die zusammen praktisch das Establishment der Republik darstellen. „Fine Gael" litt allerdings lange an dem Ruf, Partei des Kapitals zu sein. Daneben gibt es noch die Progressiven Demokraten und die kleine Labour Party.

Wirtschaft

Traditionell ist Irland eigentlich Agrarland. Die Modernisierung durch EG-Zuschüsse hat aus vielen Bauernhöfen und Gütern leistungsstarke Betriebe gemacht, die vor allem Fleisch, Milchprodukte, Wolle und veredelte Lebensmittel erzeugen. Die im europaweiten Vergleich niedrigen Lohnkosten haben darüber hinaus in den vergangenen 20 Jahren viele Hersteller von arbeitsintensiven oder Halbfertigprodukten, besonders aus dem Computerbereich, angelockt. Rund um Dublin sind auf diese Weise große Gewerbegebiete entstanden, von denen aus die Endmontagewerke weltweit operierender Firmen die europäischen Märkte beliefern. Kritiker weisen darauf hin, daß Irland neben Portugal zum Billiglohnland der Europäischen Union geworden ist. Als „Job-Maschine" nach amerikanischem Muster hat sich die neue Industrialisierung jedenfalls nicht erwiesen – mit fast 20 Prozent Arbeitslosigkeit rangiert Irland im unteren Viertel der EU. Dennoch hat sich Dublin in den letzten dreißig Jahren wirtschaftlich gemausert. Irische und internationale Investitionen, ein jährliches Wirtschaftswachstum von immerhin um die sechs Prozent sowie das im europäischen Vergleich gute und für die Bürger erschwingliche Bildungssystem Irlands mögen dazu beigetragen haben. Eine Börsenzeitung bezeichnete Irland jüngst in metaphorischer Anlehnung an die Boomländer Südostasiens als „keltischen Tigerstaat". Na ja.

Die Regierung hat sich mit einer seit den achtziger Jahren enorm gewachsenen Staatsverschuldung herumzuschlagen. Damals hatte man versucht, die Arbeitslosigkeit zu dämpfen, indem man den öffentlichen Dienst aufblähte und allerlei Projekte subventionierte. Die jetzigen Versuche, die Ausgabenlast zurückzufahren, dürften nicht gerade zur Vollbeschäftigung führen. Ach ja, die Steuern zu senken, hat man auch versprochen. Kommt einem alles irgendwie bekannt vor.

Medien

Dublin kann sich einer vielfältigen Medienlandschaft rühmen, besonders im Print-Bereich, die Dubs sind halt leidenschaftliche Leser. Die größten, also landesweit erscheinenden Tageszeitungen sind die parteipolitisch unabhängige und kreuzsolide „Irish Times" sowie die mehr an der Linie der Partei Fine Gael orientierte und äußerst kommentierfreudige „Irish Independent". Bunter und bildreicher kommen dagegen Abendzeitungen wie der „Evening Herald" daher, bei denen Sport, Kultur, Showbiz und Klatsch Vorrang genießen. Aus Großbritannien schwemmen neuerdings örtliche Ableger der dortigen Yellow-Press-Machwerke herüber. Hier stehen eindeutig Sensationsgier, Sex & Crime sowie natürlich die „Royals" im Mittelpunkt journalistischen Tuns. Sonntagszeitungen wie zum Beispiel die „Sunday World" aus dem Verlag des „Independent" erfreuen sich besonders bei den Sportsfreunden großer Beliebtheit. Da Dublin eine Stadt der Schreiber war und ist, gibt es viele Journalisten, die eine eigene Szene mit den dazugehörenden Stammkneipen bilden (siehe Kapitel „Pubs").

Ein trauriges Kapitel stellt der Untergang der „Irish Press" dar. Die drittgrößte und älteste Tageszeitung beschäftigte zusammen mit den Schwesterblättern „Evening Press" und „Sunday Press" 200 Journalisten, die im Juni 1995 arbeitslos wurden. Erst wurde aus Solidarität mit einem gefeuerten Kollegen gestreikt, dann ausgesperrt und schließlich von Seiten der Eigner die Liquidation der ganzen Gruppe, an der noch Nachkommen des Staatsgründers Eamon de Valera Anteile halten, beantragt. Die betroffenen Mitarbeiter besetzten wochenlang die Redaktionsräume und verkauften in den Straßen Dublins die selbsthergestellte Notausgabe „The X-Press". Die Dubliner solidarisierten sich auf Demonstrationen, Konzerten und Dichterlesungen mit den entlassenen Redakteuren.

Der staatliche Sender Radio Telfís Éireann (RTE) bietet zwei Fernseh- und fünf Radiowellen. Kabelbesitzer können zudem noch Privatsender und britische Fernsehkanäle empfangen. Radio RTE 1 (UKW 88,5 und 89,1) sendet hauptsächlich Wortbeiträge und Nachrichten, während RTE 2FM (UKW 90,7 und 91,3) sich auf Pop- und Folkmusik spezialisiert hat. Für Freunde traditioneller irischer Musik gibt es dann noch den ausschließlich in gälischer Sprache arbeitenden Sender „Radio Na Gaeltachta" auf den Frequenzen UKW 92,9 und 93,5. Daneben rangeln auf dem Breitband sechs unabhängige Radiostationen um die Gunst der Hörer.

Für Besucher geradezu unverzichtbar ist die Szene-Zeitschrift „In Dublin", die zweiwöchentlich auf Konzerte, Ausstellungen, Theateraufführungen, Kinoprogramme und ähnliches mehr hinweist. Hier finden sich nicht nur detaillierte Veranstaltungsankündigungen, sondern auch die aktuellen Adressen von Restaurants, Kneipen, Theatern, Kinos, Galerien etc. Darüber hinaus bietet „In Dublin" auch einen redaktionellen Teil mit Reportagen und Interviews zu Themen, die gerade hip sind. Die Zeitschrift erscheint jeden Samstag und ist überall da zu kaufen, wo es Zeitungen gibt. Ähnliches, wenn auch weniger ausführlich und ohne Hochglanzpapier, bietet der jeden zweiten Mittwoch erscheinende „Dublin Event Guide". Er liegt an vielen Lokalitäten (Buchläden, Kneipen etc.) kostenlos aus.

Religion

Irlands Hingabe an den katholischen Glauben ist geradezu sprichwörtlich. Selbst im relativ weltlichen Dublin begegnet einem Frömmigkeit auf Schritt und Tritt. Im Straßenbild fallen Mönche und Nonnen auf, die ihr jeweiliges Anliegen mit einer Inbrunst an die Passanten herantragen, wie man es sonst nur von amerikanischen Predigern kennt. Viele Menschen bekreuzigen sich, wenn sie an einer Kirche vorbeikommen. Im Großraum Dublin gibt es über 200 Klöster. Die meisten Krankenhäuser tragen die Namen von Heiligen, und in den Stadtplänen wimmelt es von Kirchen. Beim Besuch von Johannes Paul II. strömten 1979 über eine Million Iren in den Phoenix Park, um den Papst zu sehen.

Über 90 Prozent der Dubliner gehören der römisch-katholischen Kirche an. Seit den vergeblichen Reformationsversuchen durch den englischen König Heinrich VIII. galt das Festhalten am alten Glauben als Ausdruck des Widerstandes gegen die Besatzer. Nach der Unabhängigkeit wurde die katholischen Kirche in der Verfassung als „Hüterin des Glaubens" verankert. Erst 1972 strich man diesen Zusatz. Abtreibung und Scheidung sind aber nach wie vor illegal; zwei Versuche, diese Anachronismen durch Volksentscheid zu ändern, scheiterten 1983 und 1986 an den Glaubens- und Moralvorstellungen der Bevölkerungsmehrheit.

Die stärksten Bastionen der Kirche befinden sich im Bildungs- und Gesundheitssektor. Eine Reihe von Skandalen hat jedoch in den letzten Jahren dafür gesorgt, daß die irischen Katholiken, besonders die Gebildeten, „ihre" Kirche nicht mehr ganz so unkritisch sehen wie früher. Da war jener Bischof, der jahrelang Alimente für sein uneheliches Kind in Amerika zahlte, da gibt es einen Priester, der wegen sexuellen Mißbrauchs von Knaben vor Gericht steht. Und die ganze Welt nahm Anteil am Schicksal jenes minderjährigen, durch Vergewaltigung geschwängerten Mädchens, das zu Beginn der neunziger Jahre verzweifelt versuchte, aus Irland ausreisen zu dürfen, um eine Abtreibung vornehmen zu lassen. Die Autorität der Kirche hat aus diesen in der Öffentlichkeit heiß und kontrovers diskutierten Vorfällen erheblichen Schaden davongetragen.

Dennoch gibt es eine Menge Priester und Bischöfe, die aufgrund ihrer ungezwungenen Volksnähe und pragmatischen Lebenseinstellung äußerst populär sind. Der 1990 verstorbene Primas der irischen Katholiken, Kardinal O' Fiaich, engagierte sich sogar für die sechs in England zu lebenslanger Haft verurteilten, vermeintlichen IRA-Terroristen („Birmingham Six").

Die wenigen Protestanten Dublins, etwa acht Prozent der Bevölkerung, gehören überwiegend der anglikanischen Church of Ireland an, jenem traurigen Rest der englischen Reformation im 16. Jahrhundert. Bizarrerweise befindet sich diese kleine Glaubensgemeinschaft im Besitz der alten Kathedralen Dublins: So sind sowohl St. Patrick's als auch Christ Church trotz ihrer 800 Jahre keine katholischen Kirchen. Während der Reformation waren alle existierenden Gebetshäuser enteignet und der Church of Ireland übergeben worden. Bis 1815 gab es dann offiziell keine katholischen Kirchen mehr in Dublin! Wenn Sie eine sehen, handelt es sich durchweg um Neubauten aus dem 19. und 20. Jahrhundert.

Trotz ihrer Frömmigkeit gibt es nicht wenige Dubliner, die gern auf Mutter Kirche schimpfen, was man auf keinen Fall mit Mangel an Glauben verwechseln darf. Mit Bitterkeit wird zuweilen daran erinnert, wie aalglatt sich die Kirche nach ihrer Wiederzulassung mit den Herren auf **Dublin Castle** zu arrangieren verstand. Als Gegenleistung wurden Aufstände gegen die Obrigkeit von der Kanzel herab verdammt. Während des Generalstreiks von 1913 etwa hatte sich die Kirche die gesamte Arbeiterklasse Dublins vorübergehend zum Feind gemacht. Denn als der Hunger der Streikenden am größten war, boten die englischen Gewerkschaften ihren irischen Genossen solidarisch an, die Kinder vorübergehend in englischen Arbeiterfamilien aufzunehmen und durchzufüttern. Ein Aufschrei der Empörung ging daraufhin durch den Klerus: Auf keinen Fall sollten katholische Schäfchen in protestantischen Häusern aufwachsen, und sei es nur für Wochen. Ein zutreffendes Bild von dieser Zeit zeichnet James Plunketts Roman „Strumpet City" (deutscher Titel: „Manche sagt man, sind verdammt").

Zu den kleinsten Glaubensgemeinschaften Irlands gehören rund 20.000 Methodisten und Presbyterianer sowie etwa 2.000 Juden.

Die Nordirlandfrage

Es soll ja noch Leute geben, die meinen, daß der Konflikt in der nordirischen Provinz **Ulster** sich auf ganz Irland erstreckt. Doch die umstrittenen sechs Grafschaften und die damit verbundenen Terroranschläge sind seit der Teilung von 1921 ein vorwiegend britisches Problem. Die Republik Irland besteht aus den übrigen 26 Grafschaften.

Die Dubliner Regierung hielt sich weitgehend aus dem Konflikt heraus. Nach IRA-Aktivisten wird in der Republik genau so intensiv gefahndet wie im Vereinigten Königreich. Nun ja, vielleicht nicht ganz so intensiv. Die Gefühle der Dubs ob des Blutvergießens im Norden schwanken zwischen Entsetzen, Ratlosigkeit, Wut und gelegentlichen Sympathieanfällen für die IRA. So auch im Januar 1972, nachdem britische Fallschirmjäger in der nordirischen Stadt Derry 13 Demonstranten erschossen hatten. Am Tag darauf zogen zehntausende von Dublinern zur britischen Botschaft am Merrion Square und fackelten das Gebäude ab.

Nur einmal wurde Dublin selbst Opfer terroristischer Gewalt. 1974 zündeten protestantische Fanatiker aus Belfast Autobomben in der Nähe der O' Connell Street. 25 Menschen wurden getötet.

Die kompromißlosen Wiedervereinigungsparolen aus den frühen Jahrzehnten des Freistaates sind längst aus der irischen Politik verschwunden. Fast niemand mehr will die sechs Grafschaften um jeden Preis zurückhaben. Haßtiraden gegen die Engländer erklingen nur noch unter Alkoholeinfluß. Die 1994 begonnenen Friedensgespräche zwischen allen beteiligten Konfliktparteien werden in Dublin mit Aufmerksamkeit und Hoffnung verfolgt.

Die Protestanten und Katholiken Dublins leben in äußerster Friedfertigkeit miteinander; die militanten Auseinandersetzungen der unter britischer Verwaltung stehenden Nordprovinz **Ulster** sind ihnen völlig fremd. Grund dafür ist, daß die südirischen Protestanten als Abkömmlinge der alten, anglo-irischen Aristokratie längst integriert sind, während die Vorfahren der Protestanten im Norden erst nach den großen Landenteignungen des 17. Jahrhunderts angesiedelt wurden und sich mental immer noch in einer Art Belagerungszustand befinden.

Frauen

Irlands Nationalfigur Kathleen ni Houlihan ist eine weinende Frau mit Harfe. Sie weint um ihre im Kampf für Irland gefallenen Söhne – ein patriotisches Symbol, aber auch ein Sinnbild für das irische Frauenbild der Vergangenheit. Männer kämpfen und sterben, die Frauen bangen, hoffen und weinen. Selbst die kühnsten irischen Freiheitshelden entpuppten sich nicht selten als Paschas oder Machos, wenn es um die Rechte von Frauen ging. Das Frauenbild der allmächtigen katholischen Kirche besorgte den Rest. Das ist die eine, patriarchalische Seite im Verhältnis zwischen Frau und Gesellschaft in Irland.

Die andere Seite dieser Tradition läßt sich auf Maeve, die mythologische Königin von Connaught, zurückverfolgen. Maeve verkörperte in der keltischen Sagenwelt das, was man heute eine „starke Frau" nennen würde. In ihre Fußstapfen traten irische Heldinnen wie Grace O' Malley, eine legendäre Piratenkönigin des 17. Jahrhunderts, die viele Engländer (und angeblich so manchen Liebhaber) über die Planke gehen ließ. Oder auch Constance Gore Booth, die spätere Gräfin Markiewicz des Osteraufstandes von 1916. Unter den irischen Frauen von heute könnte sich vielleicht am ehesten noch die kratzbürstige und kahlschädelige Rocksängerin Sinéad O' Connor auf die kämpferische Königin Meave berufen.

Vieles, was Frauen in anderen Ländern heute selbstverständlich erscheint, ist in Irland immer noch Diskussionsthema, aber keinesfalls Rechtspraxis: Das Recht auf Scheidung oder Abtreibung und der Zugang zu Verhütungsmitteln hinken dem Rest der Europäischen Union um Jahrzehnte hinterher. Immerhin kann über diese Dinge heute offen geredet werden, was bis vor 25 Jahren fast undenkbar erschien. Rund heraus gesagt: Durch die feministische Brille betrachtet, ist Irland wirklich nicht das Paradies auf Erden.

Nur langsam zeichnet sich Besserung ab; eine völlig zerrüttete Ehe kann heute immerhin nach zermürbenden, Jahre dauernden Prozeduren vor dem Gesetz beendet werden. Wie das allerdings im privaten und gesellschaftlichen Umfeld aufgenommen wird, von den Kindern aus solch einer Ehe ganz zu schweigen, steht auf einem anderen Blatt. Wahrscheinlich bedarf es eines weiteren Generationswechsels, um hier den Zeitgeist zu ändern.

Bei der Volksabstimmung im November 1995 entschieden 50,2% der irischen Wähler, das Scheidungsverbot aus der Verfassung zu streichen.

Gemessen an ihrem juristischen Status wirken die Dubliner Frauen, besonders die jüngeren, nicht weniger emanzipiert als ihre Geschlechtsgenossinnen im übrigen Westeuropa. Männliche Provinzbewohner, die noch den alten Rollenklischees anhängen, haben daher manchmal ihre Probleme mit den kecken Dublinerinnen.

Zur Änderung der patriarchalischen Verhältnisse dürfte wohl die Person der amtierenden Staatspräsidentin Mary Robinson beitragen. 1990 gewann die damals 45jährige, parteilose Rechtsanwältin den Urnengang für das höchste Staatsamt völlig überraschend gegen die Kandidaten der beiden großen Parteien. Robinsons Wahlsieg löste in erzkatholischen Kreisen milde Schockwellen aus – die engagierte Frauenrechtlerin entspricht nicht gerade dem klerikalen Ideal einer an Kirche und Küche gefesselten Hausfrau.

Stadt der Schreiber und Sänger

„Wirf einen kalten Blick auf das Leben, auf den Tod dann Reiter, eile vorüber"
William Butler Yeats

Barden und Poeten

Von der irischen Fabulierkunst war bereits die Rede. Die Barden der alten, gälischen Stammeskultur genossen bei ihren Clans höchstes Ansehen; wurde ein „Filis" getötet, mußten über 100 Rinder als Blutgeld gezahlt werden. Die Kunst dieser Geschichtenerzähler bestand in der mündlichen Überlieferung von Heldensagen. In einer Zeit ohne Alphabet galt die Gabe des Erinnerns und Erzählens geradezu als Magie. Die christlichen Mönche brachten die Schrift nach Irland und zeichneten die durchweg heidnischen Geschichten in lateinischer Sprache freudig auf, so daß einige keltische Mythen bis heute nachzulesen sind: Die berühmtesten sind der kriegerische Epos „Táin Bó Cúailnge" (Der Rinderraub von Cooley) und die traurige Liebesgeschichte „Die Verfolgung von Gráinne und Diarmuid". Dank dieser und weiterer mythisch ausgeschmückten Geschichten kann man sich ein ungefähres Bild von der Struktur der altirischen Stammesgesellschaft machen.

In den Jahrhunderten der Unterdrükkung gerieten die gälischen Sagen und Balladen beinahe in Vergessenheit, die gälische Sprache selbst wurde durch das englische verdrängt. Während der „Penal Laws" (ab 1691) war es sogar verboten, in der Öffentlichkeit gälisch zu sprechen.

In Dublin entwickelte sich ab dem 18. Jahrhundert eine eigenständige, englischsprachige Literatur. Die Gebildeten gehörten den protestantischen Klassen an, fühlten sich aber keinesfalls als Engländer. Die Revolutionäre unter ihnen hatten erst vor dem Volk, später vor Gericht reichlich Gelegenheit, wortgewaltige Pamphlete zu verfassen. Sprachlicher Schliff wurde zum Kennzeichen der anglo-irischen Intellektuellen. Jonathan Swift (1667-1745), Dekan der St. Patrick's Cathedral, verewigte sich den Iren durch leidenschaftliche Attacken auf die sozialen Mißstände und durch den beißenden Spott seiner phantastischen Literatur („Gullivers Reisen") bzw. mit seinen misanthropischen Satiren („Briefe eines Schneiders"). Ein weiterer Literat dieser Zeit war der Romancier Oliver Goldsmith (1728-1774), dessen Erzählung „Der Landprediger von Wakefield" angeblich Goethe zu seinem „Werther" inspiriert haben soll.

Das Horror-Genre, im englischen „Gothic" genannt, ist eine irische Erfindung. Die frühen Schauergeschichten über Kirchfriedhöfe, die nächtens zum Leben erwachen, und wandelnde Gespenster auf verlassenen Landsitzen gehen auf Sheridan Le Fanu (1814-1873) zurück. Zum Meister dieser schwarzen Kunst wurde jedoch der Dubliner Bram Stoker (1847-1912), dessen 1897 allerdings in London veröffentlichter „Dracula" zu den Klassikern der Weltliteratur gehört.

Die zweite Hälfte des 19. Jahrhunderts war durch den Aufstieg des katholischen Bürgertums von Dublin gekennzeichnet. Die literarisch Interessierten inszenierten das „Irish Revival", die Wiederentdeckung von gälischer Sprache und Überlieferung. Irischtümelnd erhoben sie fast jeden keltischen Vers in den Rang des Literarischen, gründeten 1893 die „Gaelic League" und retteten damit die irische Sprache vor dem Aussterben. Doch erst die Verbindung mit dem kulturellen Erbe der Anglo-Iren führte zur „Irischen Renaissance" und damit zur Geburt der modernen irischen Literatur.

Die Sprößlinge der anglo-irischen Oberschicht spürten, daß ihre Ära zu Ende ging. Das kommerzielle und zugleich provinzielle Lärmen der sozialen (und zum Teil auch kulturellen) Parvenüs war ihnen ein Greuel. William Butler Yeats (1864-1939), Dramatiker, Dichter und der erste von insgesamt vier irischen Literaturnobelpreisträgern (1923), versuchte, irischen Mystizismus und bürgerliche Romantik zu vereinen, um eine originäre, gleichermaßen irische wie moderne Nationalliteratur über die sich abzeichnende Zeitenwende zu retten. Zu diesem Zweck gründeten Yeats, Lady Augusta Gregory und Edward Martyn während einer Teestunde auf dem Landsitz Tulira Castle (im County Galway) 1896 die **Abbey Theatre** Company. Dieses Theater sollte in den kommenden drei Jahrzehnten so bemerkenswerte Dramatiker wie John Millington Synge und Sean O' Casey hervorbringen.

Dublin als Bühne

Das Gründertrio ließ zunächst eigene Stücke in den alten Räumen an der Pearse Street spielen. 1904 zog das Theater in die Lower Abbey Street um, wo es heute, nach einem Brand von 1966, als schmuckloser Neubau wieder steht. Yeats reüssierte 1904 mit seinem Drama „Cathleen Ni Houlihan". Da die Initiatoren modernes, programmatisches Theater wünschten, experimentierte man gern mit jungen Autoren. Ein großes Talent war John Millington Synge (1871-1909), der sich mit naturalistischen Dramen einen Namen machte. In „Reiter ans Meer" (1902) wird das Leben der Fischer auf den Aran-Inseln als unerbittlich ablaufendes Schicksal beschrieben. Gleichzeitig beschwört das Stück das Bild vom Iren, der seit uralten Zeiten der Natur sein Leben abzutrotzen versucht, dabei trotz aller Abgeschiedenheit durchaus in intakter Gemeinschaft mit den Seinen lebt. Sowohl Yeats als auch Synge benutzten in ihren Stücken ein knackiges Englisch in gälischer Syntax, um eine Synthese zwischen Moderne und irischem Mythos herzustellen.

Die Dramen von Synge zeichnen sich durch die kraftvolle, ausdrucksstarke Sprache ihrer archetypischen Figuren aus. Dies und das Brechen moralischer Tabus sorgten 1907 für den ersten großen Theaterskandal der irischen Geschichte. Die Uraufführung der Tragikomödie „Der Held der westlichen Welt", wieder von John M. Synge, führte zu Tumulten und Handgreiflichkeiten im Publikum. In der Handlung des Stückes bewundern Dorfbewohner den jugendlichen Helden, weil dieser prahlend vorgibt, seinen Vater getötet zu haben. Synge wollte nur vorführen, wie Illusion zuweilen mächtiger ist als Realität, doch die ausrastenden Zuschauer sahen ihre patriotisch geliebten Urbewohner als Dorfdeppen verulkt. Außerdem wurde auf der Bühne mit Damenwäsche hantiert. . . Theaterdirektor William Butler

Yeats trat vor das Publikum: „Soll sich denn ewig das gleiche wiederholen, wenn sich ein irischer Genius ankündigt? Ihr habt Euch heute Schande bereitet!"

Sean O' Casey (1880-1964) war der nächste Dramatiker, der vom mittlerweile berüchtigten Dubliner Theaterpublikum zerrissen wurde. In seinen drei „Dubliner Trilogie" genannten Stücken „Der Schatten eines Rebellen" (1923), „Juno und der Pfau" (1924) und „Der Pflug und die Sterne" (1926) setzte O' Casey sich mit den Wirren von Revolution und Bürgerkrieg auseinander. Dabei entkleidete er den Mythos des irischen Unabhängigkeitskampfes aller pathetischen Momente und schlachtete nebenbei auch noch so manche heilige, katholische Kuh. O' Caseys Fazit: Die kleinen Leute sind immer die Opfer, wenn bigotte Spießer Weltgeschichte machen wollen. Bei der Premiere von „Der Pflug und die Sterne" (1926) randalierten die Zuschauer solange, bis die Aufführung abgebrochen werden mußte. In den folgenden Wochen konnte nur unter Polizeischutz gespielt werden, weil eine Allianz von Nationalisten, Klerikern und Kleinbürgern allabendlich versuchte, das Abbey-Theater zu stürmen.

O' Casey wußte, wovon er schrieb, als er seine Typologie des verlogenen, kleingeistigen Pseudo-Revoluzzertums entworfen hatte. Als überzeugter Sozialist hatte er sich 1907 der Gewerkschaft Jim Larkins angeschlossen, war ihr Funktionär geworden und 1916 beinahe in den Osteraufstand hineingeschlittert. Nach dem Krieg hatte er, von Yeats ermutigt, zu schreiben begonnen.

Heute ist das Abbey das offizielle Irische Nationaltheater mit einem ausgezeichneten Programm und internationalem Ruf. Im selben Gebäude befindet sich die Schwesterbühne namens „Peacock-Theatre", in dem, wie einst unter Direktor Yeats, junge Autoren und Regisseure experimentieren dürfen. . .

Der schillerndste unter Dublins Schöngeistern war sicherlich Oscar Wilde (1854-1900). Der exzentrische Dandy dominierte die Soirées seiner Mutter im Salon am Merrion Square, Hausnummer 1, und galt als berüchtigter Vertreter des Fin de Siècle, der sich gern im Stil vergangener Epochen kostümierte und Dekadenz als kostbares Kulturerbe pflegte. Im Trinity und in Oxford ausgebildet, war er nie um ein Bonmot verlegen („Die Farbe ist egal, Hauptsache sie ist schwarz"). In seinen Komödien „Lady Windermeres Fächer" und „Ein idealer Gatte" begründete er eine noch andauernde Tradition englischsprachiger Gesellschaftskomödien. Doch hinter dem vordergründigen Klamauk ließ Wilde existentielle Abgründe lauern: Selbstgefällige Pose und ästhetische Selbstinszenierung seiner Protagonisten haben deren innere Substanzlosigkeit zu überspielen. Oscar Wilde goß Häme über die geistige Leere der sogenannten besseren Kreise aus. Aus Wildes Feder stammen auch „Das Gespenst von Canterville" und der Gruselroman „Das Bildnis des Dorian Gray". Als seine Stücke sogar auf den Spielplänen Londoner Bühnen auftauchten, ereilte das Schicksal den Paradiesvogel im vollen Flug: Wilde wurde aufgrund einer homosexuellen Affäre 1895 in London verurteilt und eingesperrt. Nach seiner Freilassung übersiedelte er als gebrochener Mann nach Paris, wo er starb.

In den Jahrzehnten nach dem Bürgerkrieg ächzten Dublins Literaten unter kultureller Verödung, staatlicher

Zensur sowie der Intoleranz ihrer ungebildeten Mitbürger. Die Besten der Besten waren tot oder emigriert. Dublin verlor vorübergehend die Führung an neue Talente aus anderen Landesteilen. Frank O' Connor (1903-1966) und Sean O' Faolain, beide aus Cork, geißelten in ihren Kurzgeschichten und Novellen die spießige Erbärmlichkeit der Provinz – klar, daß sie nach Dublin zogen. Den Autorinnen erging es nicht besser: „Das Mädchen mit den grünen Augen" von Edna O' Brian wurde zwar in Irland verboten, aber dafür in 15 Sprachen übersetzt und in England verfilmt. Damit war der Bogen endgültig überspannt – die Zensurbehörde hatte begonnen, ihr eigenes Totenglöckchen zu läuten.

Patrick Kavanagh (1904-1967) stammte aus Monaghan und siedelte in den vierziger Jahren ebenfalls in die Hauptstadt über. Er versuchte sogleich, eine eigene Dichterzeitschrift zu gründen. Der lakonische, bewußt einfach gehaltene Stil seiner Verse paßte ganz gut zur grauen Epoche. Kavanaghs „Territorium" lag in der Gegend Grand Canal / Raglan Road, wo er in Anzug und Regenmantel jedermann vertraut war. Seine bevorzugte Buchhandlung war der noch heute existierende „Parson's Bookshop" an der Baggot Street, wo er täglich hereinschaute. In den umliegenden Kneipen der südöstlichen City (siehe Kapitel („Pubs") traf er dagegen seine geliebten Feinde, den versoffenen Dramatiker Brendan Behan sowie den nicht minder trinkfesten Brian O' Nolan, alias Flann O' Brian. Im Dreieck zwischen „Palace Bar", „McDaid's" und „Neary" galt das literarische Trio als Schrecken aller Wirtsleute. Da der öffentliche Ruhm noch auf sich warten ließ, war man durstig, aber knapp bei Kasse. Später kamen Neid und üble Nachrede hinzu – die Zeitungsberichte über die Beleidigungsklagen, mit denen sich besonders Kavanagh und Behan wechselseitig überzogen, wurden von den Dublinern als köstliche Morgenlektüre goutiert.

Brendan Behan (1923-1964), der „Wüterich von Dublin", hatte bereits im Alter von sechzehn Jahren englische Gefängnisluft schnuppern dürfen, angeblich, weil er für die IRA Sprengstoff transportiert hatte. Der Anstaltsleiter erkannte das Talent des jugendlichen Delinquenten und ermutigte Behan zum Schreiben. Sein Werk „Borstal Boy" (1957) erinnert an diese Jahre hinter Gittern. Nach dem Krieg wurde der radikale Behan erneut eingelocht, diesmal von den irischen Behörden, die ihn wegen erneuter IRA-Aktivitäten im Mountjoy-Prison im Dubliner Norden verwahrten. Als sich der Freistaat 1948 in Republik umtaufte, kam Behan im Zuge einer allgemeinen Amnestie wieder frei. Dem Alkohol treu ergeben, hämmerte er auf der mechanischen Schreibmaschine um sein Leben: „Ich bin ein Trinker mit einem Schreibproblem", soll er im Pub verkündet haben. Berühmt wurde er mit dem Stück „Die Geisel" (1958), in dem es um die IRA sowie hoch her geht. Unvergeßlich sein Auftritt in einer Kultursendung des britischen Fernsehens, als er live und im Vollrausch die interviewenden Journalisten anpöbelte. An Diabetes und Alkohol schwer erkrankt, starb er als 41jähriger, bevor er sein letztes Werk beenden konnte. Die Dubliner haben Brendan Behan ganz besonders fest in ihr Herz geschlossen; Zehntausende gaben ihm bei seiner Beerdigung die letzte Ehre. Nach wie vor ist er das Idol aller irischen Freaks.

Zeitgenosse und Saufkumpan Brian O' Nolan (1911-1966) führte zunächst ein unauffälliges Leben als kleiner Sachbearbeiter in einem Ministerium. Abends, nach Feierabend, schrieb er heimlich bissige Kolumnen, die in der „Irish Independent" unter dem gälischen Pseudonym Myles na Gopaleen veröffentlicht wurden. Bereits 1939 hatte er unter einem anderen Pseudonym (Flann O' Brian) einen ersten Roman geschrieben: „Zwei Vögel beim Schwimmen". Die Grenzen des Genres auskitzelnd, erzählt der geistreiche O' Nolan hier von einem fiktiven Autor, dem seine Figuren leibhaftig begegnen, bis alle feststellen, daß sie wiederum übergeordnete Fiktion eines Dritten sind. Ausgelassene Phantasie und todernster Realismus gehen hier eine schalkhafte Verbindung ein. Doch das gewagte Werk lag wie Senkblei in den Regalen der Buchhandlungen, daher schrieb O' Nolan gleich ein Jahr später sein zweites, nicht weniger absurdes Buch: „Der dritte Polizist". Mit Behan und Kavanagh teilte er jahrelang das verbindende und verbitternde Schicksal der verkannten Genies. Zum Ausgleich machten die drei ganz Dublin zur Bühne ihres Lebens.

Haßliebe Dublin – das literarische Exil

Es gehört zur Tragödie der irischen Literatur, daß einige ihrer Genies entweder nur im Ausland Anerkennung erlangten oder daß Dublin geistig einfach zu eng für sie wurde. Für James Joyce (1882-1941) war Dublin ein Synonym der Mittelmäßigkeit; 1912 setzte er sich nach Paris ab, wo bereits sein Landsmann Oscar Wilde begraben lag. George Bernhard Shaw (1856-1950), Sohn eines protestantischen Geschäftsmannes und einer Musikerin, verbrachte sogar die meiste Zeit seines Lebens in England, wo er nach einer Kritikerkarriere als Autor von über 50 gesellschaftskritischen Stücken Ruhm erntete. 1925 erhielt Shaw den Nobelpreis für Literatur. Trotz der Geringschätzung, die der Sozialist und Weltbürger Shaw für seine Heimatstadt empfand, ehren die Dubliner ihn als einen der ihren. Shaws Geburtshaus in der Synge Street 33 am südlichen Rand der Innenstadt ist als Museum der Öffentlichkeit zugänglich. Sean O' Casey, der im Abbey Theater so fürchterlich gedemütigt worden war, ging 1928 ebenfalls nach England, wo seine weitere Arbeit große Anerkennung fand.

Samuel Beckett (1906-1983) zählt gemeinsam mit James Joyce zu den Giganten der modernen Literatur des 20. Jahrhunderts. Nach Yeats und Shaw war er 1969 ein weiterer Ire, der mit dem Nobelpreis für Literatur ausgezeichnet wurde. Beckett war nach seinem Studium am Trinity College 1928 zur „École Normale Superieure" nach Paris gegangen, kehrte 1931 für zwei Jahre zurück, um in Dublin zu promovieren, und begab sich dann auf Wanderschaft durch Europa. In Paris hat er sich übrigens mit seinem Landsmann James Joyce angefreundet. Während des Zweiten Weltkrieges kämpfte Beckett in der französischen Résistance. Sein erstes Drama „Warten auf Godot" (1953) schrieb er auf französisch und übersetzte es später eigenhändig ins englische.

Beckett wird als ein Autor des Absurden mit Ionesco verglichen. Seine Stücke, darunter „Glückliche Tage" und „Endspiel", sind radikale Parabeln, die die Position des Menschen in der Welt, das Irrationale der menschlichen Exi-

James Joyce-Denkmal

stenz und die damit einhergehenden Ängste und Verdrängungen veranschaulichen und verdichten. Vom formalen Aufbau her sind Becketts Werke extrem reduziert: eine leere Bühne, auf der zwei Menschen scheinbar banale oder sinnentleerte Dialoge führen. Trotz dieser Reduktion geht eine Poesie, ein irischer Sprachrhythmus von seinen Dramen aus. Beckett lebte bis zu seinem Tod in Paris – als ein für Dublin zwar hochverehrter, aber verlorener Sohn.

Irland bringt immer noch sprachgewaltige Künder des Wortes hervor: Seamus Heaney (1939-), in Nordirland geborener Bauernsohn und seit den sechziger Jahren die dominierende Figur der Dubliner Dichterszene, nahm 1995 als vierter Ire dieses Jahrhunderts den Nobelpreis für Literatur in Empfang. Der Lyriker, der von seinen Landsleuten gern mit William Butler Yeats verglichen wird und sich selbst als „lüsternen Zeitzeugen" bezeichnet, lehrt vier Monate im Jahr an der amerikanischen Harvard-Universität. Ansonsten lebt Heaney in Dublin.

„Ulysses": Das Dublin des James Joyce

Der Roman zum Stadtplan – so könnte man das Buch nennen, das James Joyce 1922 im Pariser Exil vollendete. „Ulysses" beschreibt einen Tag im Leben mehrerer fiktiver Dubliner, die am 16. Juni 1904 von verschiedenen Punkten der Stadt aus aufbrechen, um ihren Geschäften bzw. dem Müßiggang nachzugehen. Ihre Wege kreuzen sich dabei; unterwegs führt der Autor seine Leser ein in ein Kaleidoskop von Charakteren und Örtlichkeiten, die mal mit tiefstapelnder Nüchternheit, mal mit unterschwelliger Ironie so detailfreudig und sprachspielend beschrieben werden, daß es eine wahre Lust ist, den Wegbeschreibungen nachzugehen, um sich den „Ulysses" plastisch vorzustellen.

Genau dies passiert jedes Jahr wiederkehrend am 16. Juni, dem „Bloomsday", benannt nach einem der Helden aus „Ulysses", jenem Herrn Leopold Bloom, der während der Lunchpause einen kurzen Spaziergang durch die Stadt macht, dabei ein paar jungen Männern begegnet, die unten bei Dun Laoghaire in einem stillgelegten Wachturm namens Martello-Tower hausen und das ziel- und zügellose Leben der Bohème führen.

Also, die Joyce-Fans aus allen Ländern treffen sich jedes Jahr an diesem denkwürdigen 16. Juni, meistens an besagtem Turm und folgen den Spuren ihrer fiktionalen Helden. Kapitel für Kapitel, Episode für Episode, dringt man so nach Dublin-City vor, stößt auf Altbekanntes, weil Gelesenes, vermißt natürlich auch zwischenzeitlich die Zeit Gesegnetes wie etwa Eccles Street No. 7, das Wohnhaus des Leopold Bloom, folgt der Beerdigungsprozession Richtung Friedhof Glasnevin aus dem 8. Kapitel und luncht analog zum Romanhelden in einem anschaulich beschriebenen Pub namens „David Byrnes" in der Duke Street. Mit im Gefolge wandeln Jünger des Buches, die unentwegt zitieren, den Wechsel von Zeit und Stadt beklagen, dabei alte und neue Stadtpläne vergleichen und an topographischen Schlüsselpunkten des Werkes ehrfürchtig erschauern oder erschöpft auf die Knie sinken.

Mag Joyce sich in Dublin auch beengt gefühlt haben, mit dem Jahrhundertroman „Ulysses" hat er seiner Hei-

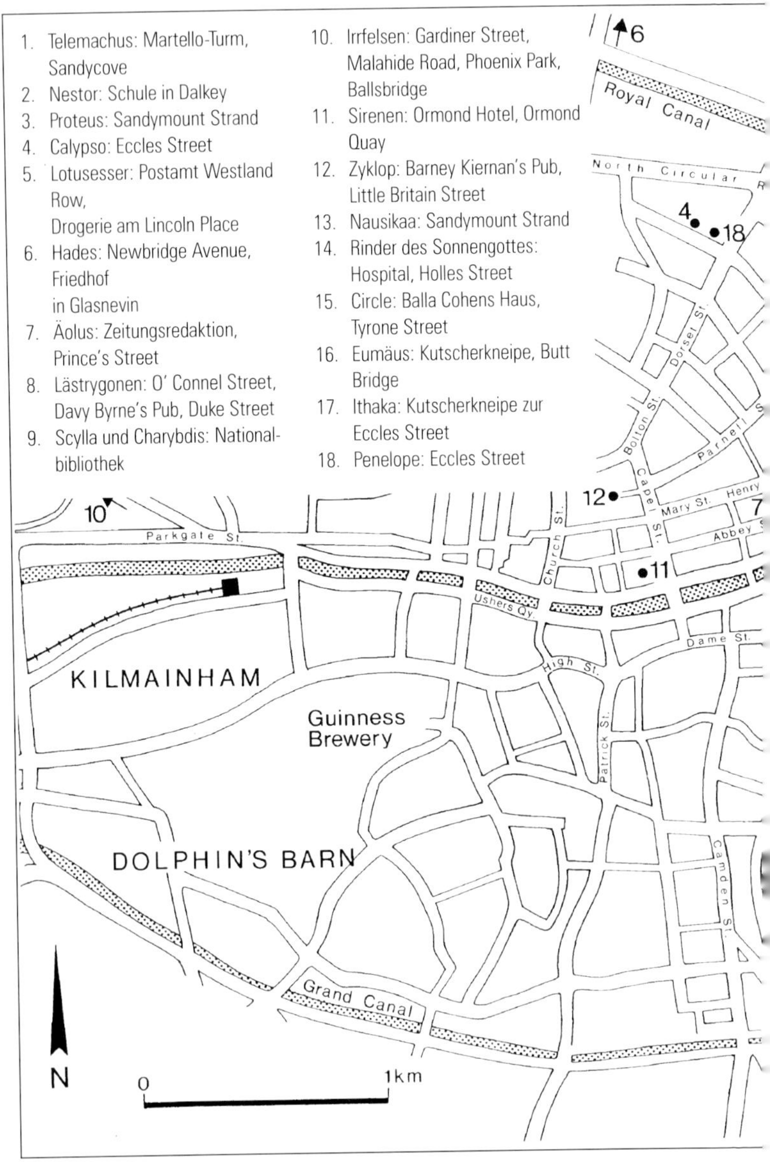
1. Telemachus: Martello-Turm, Sandycove
2. Nestor: Schule in Dalkey
3. Proteus: Sandymount Strand
4. Calypso: Eccles Street
5. Lotusesser: Postamt Westland Row, Drogerie am Lincoln Place
6. Hades: Newbridge Avenue, Friedhof in Glasnevin
7. Äolus: Zeitungsredaktion, Prince's Street
8. Lästrygonen: O' Connel Street, Davy Byrne's Pub, Duke Street
9. Scylla und Charybdis: Nationalbibliothek
10. Irrfelsen: Gardiner Street, Malahide Road, Phoenix Park, Ballsbridge
11. Sirenen: Ormond Hotel, Ormond Quay
12. Zyklop: Barney Kiernan's Pub, Little Britain Street
13. Nausikaa: Sandymount Strand
14. Rinder des Sonnengottes: Hospital, Holles Street
15. Circle: Balla Cohens Haus, Tyrone Street
16. Eumäus: Kutscherkneipe, Butt Bridge
17. Ithaka: Kutscherkneipe zur Eccles Street
18. Penelope: Eccles Street
6
Royal Canal
North Circular
4
18
Dorset St.
Bolton St.
Parnell
Capel St.
12
Mary St.
Henry
7
Abbey
10
Parkgate St.
Church St.
11
Ushers Qy.
Dame St.
High St.
KILMAINHAM
Guinness Brewery
Patrick St.
DOLPHIN'S BARN
Camden St.
Grand Canal
N
0
1km

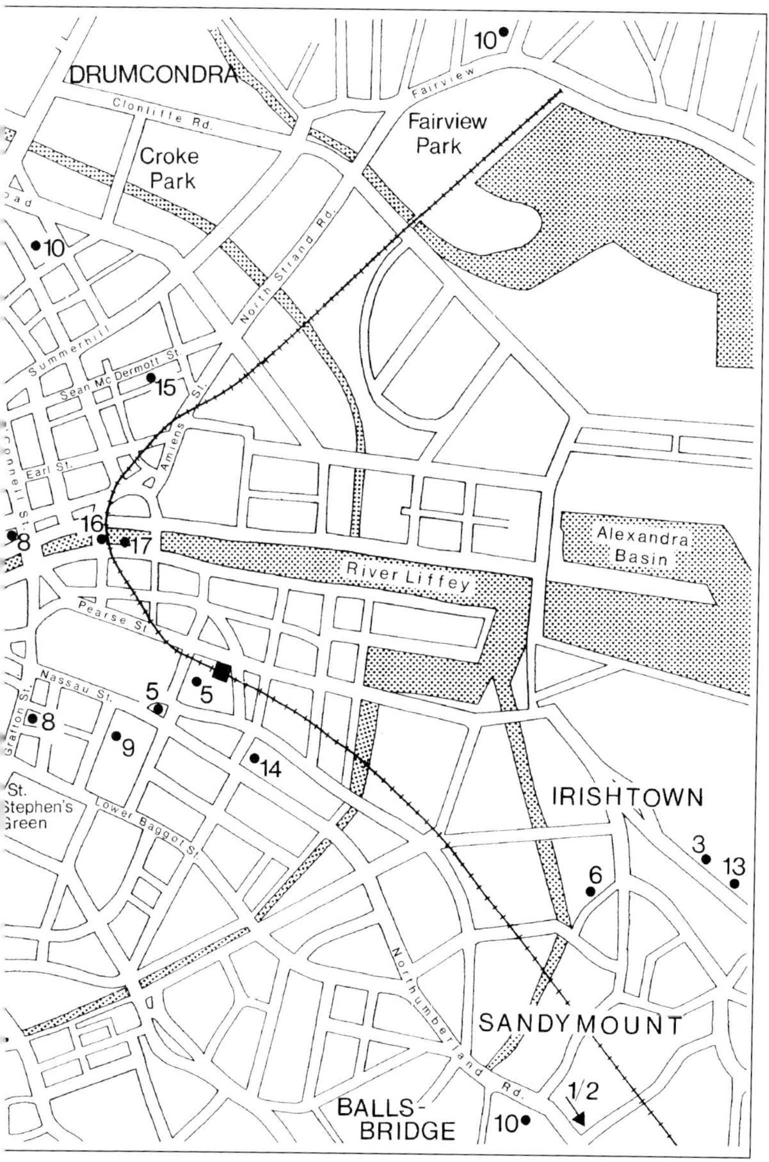

DRUMCONDRA
10
Fairview
Clonliffe Rd.
Fairview Park
Croke Park
10
North Strand Rd.
Summerhill
Sean Mc Dermott St.
15
Amiens St.
Earl St.
16
8
17
Alexandra Basin
River Liffey
Pearse St.
Nassau St.
5
5
8
9
14
St. Stephen's Green
Lower Baggot St.
IRISHTOWN
3
13
6
Northumberland Rd.
SANDYMOUNT
1/2
BALLS-BRIDGE
10

matstadt ein literarisches Denkmal gesetzt. Er wollte in bester Romancier-Manier eine Welt von erfundenen Charakteren schaffen, die aber statt Handlung nur Ortswechsel vollziehen. Nun, als Ort wählte Joyce eben Dublin, weil er es kannte oder zumindest erinnerte. Heraus kam das Portrait einer Stadt und seiner Bewohner. Joyce machte mit seinem „Ulysses" als erster irischer Autor großstädtisches Leben in all seinen Facetten zum Thema; es war ein Abschied von der Tradition, Irland aus ländlicher Perspektive zu erzählen. Vielleicht war Joyce einer der wenigen Dubliner, denen damals richtig bewußt wurde, daß sich Dublin zur Großstadt entwickelt hatte. „Ich will Farbe und Ton von Dublin mit meinen Worten wiedergeben, die graue und dennoch strahlende Atmosphäre seiner Bars, die soziale Unbeweglichkeit der Stadt", sagte er über seinen Roman.

Nicht alles ist erfunden im „Ulysses": Die im Anfangskapitel beschriebene, spannungsgeladene „Wohngemeinschaft" von zwei Iren und einem englischen Oxford-Absolventen entspricht einem verbürgten Abschnitt in der Jugend von James Joyce. Tatsächlich hatte er als junger Dichter, wenige Monate vor seiner Auswanderung, gemeinsam mit einem gewissen Oliver St. John Gogarty (nach dem heute eine Kneipe in der Temple Bar benannt ist) den alten Martello-Wachturm zu Dun Laoghaire bewohnt (Wegbeschreibung siehe im Kapitel „Vororte"); Gesellschaft leistete ihnen wie im Buch ein irophiler Brite. Wer weiß, was noch alles aus „Ulysses" der Wirklichkeit entsprach?

Der authentische Martello-Turm aus dem ersten Kapitel heißt heute „James Joyce Tower" und beherbergt ein Museum. Im Ausstellungsraum befinden sich Teile von Originalmanuskripten, Fotografien, Erstausgaben der Joyce-Bücher sowie eine Luxusausgabe des „Ulysses", die von dem französischen Maler Henri Matisse illustriert wurde. An den Wänden hängen Bilder, die Szenen aus den Romanen nachempfinden. Im ehemaligen Schießpulver-Magazin darüber lagern persönliche Gegenstände von James Joyce, darunter ein Mantel, seine Gitarre und eine Krawatte, die er einst Samuel Beckett geschenkt hatte. Zu guter Letzt ist hier auch die Totenmaske von James Joyce ausgestellt. (Öffnungszeiten siehe Kapitel „Reisetips-Museen")

In der North Great George's Street 35 in der Innenstadt (nähe Parnell Square) gibt es ein weiteres „James Joyce Centre", das aber vom Namen her mehr verspricht, als es hält. Hier wohnte ein gewisser Mr. Dennis J. Maginni, seines Zeichens Tanzprofessor (!). Im „Ulysses" wird dieser damals real existierende Mann sechsmal erwähnt. Das Haus liegt in dem Viertel, wo Joyce aufwuchs. Von Joyce selbst ist hier jedoch nichts zu bewundern; das Haus ist aber im Stil der Zeit eingerichtet und dokumentiert ganz gut, wie georgianische Wohnungen ausgesehen haben. Es finden Führungen mit anekdotenreichen Erläuterungen durch das Haus statt. Ein Teil des Museumspersonals soll übrigens mit dem berühmten Schriftsteller verwandt sein. Zwei Minuten zu Fuß entfernt liegt dann das absolut empfehlenswerte **„Dublin Writer's Museum"** (Einzelheiten im Kapitel „Northside").

James Joyce stammte im Gegensatz zu vielen seiner schreibenden Zeitgenossen nicht aus der Schicht der protestantischen Anglo-Iren. Er war

Kind der katholischen Mittelklasse, erzogen an einer Jesuiten-Schule. Zunächst arbeitete er als Lehrer im University College am St. Stephen's Green. 1914 schrieb er die Kurzgeschichtensammlung „Dubliners", eine erste literarische Auseinandersetzung mit seinen Mitbürgern. Doch Joyce war weder Naturalist noch Realist; die Wirklichkeit diente ihm nur als materielle Projektionsfläche für seine ganz und gar fiktiven Sprachbilder. Eine Steigerung dieser Methode findet sich in seinem Alterswerk „Finnegan's Wake" (1939), das sich aufgrund seiner rätselhaften Assoziationen bis heute einer vollständigen Entschlüsselung entzieht und praktisch nicht zu übersetzen ist (obwohl es Versuche gab).

Zurück zum „Bloomsday": Die Stadtverwaltung hat im Zentrum 14 Bronzetafeln in die Bürgersteige eingelassen, um den Ulysses-Jüngern das Nachgehen der Romanstrecke zu erleichtern. Trotzdem sollte man sich bei der „Tourist Board" rechtzeitig nach organisatorischen Details erkundigen (siehe Kapitel „Reisetips – Adressen").

Wem es zu mühselig ist, den „Ulysses" eigenfüßig zu erkunden, sollte ihn einfach lesen, dabei einen möglichst historischen Stadtplan zur Hand haben (gibt's in jeder Dubliner Buchhandlung) und sich behaglich zu jenem 16. Juni 1904 zurückversetzen lassen, als „Stattlich und fest erschien Buck Mulligan am Treppenaustritt, ein Seifenbekken in Händen, auf dem gekreuzt ein Spiegel und ein Rasiermesser lagen...." (aus den ersten Zeilen des „Ulysses").

Filmstudio Dublin

Dame Street, Höhe City Hall, um Mitternacht. Polizisten haben die tagsüber belebte Hauptstraße der Old Town abgesperrt. Arbeiter verlegen künstliches Straßenpflaster aus Plastikmatten und behängen die Hausfassaden mit Reklameschildern aus den zwanziger Jahren. „Neil Jordan dreht hier einen Film", wird den aus den umliegenden Kneipen strömenden Schaulustigen verkündet. Vor der City Hall stoppt ein Oldtimer-Auto; es entsteigen Hollywood-Star Julia Roberts („Pretty Woman") und der irische Schauspieler Liam Neeson (1953-), bekannt aus der Hauptrolle in Steven Spielbergs Holocaust-Drama „Schindlers Liste" (1993). Leesons Karriere als Schauspieler führte von Belfast über das Dubliner Abbey-Theater nach Hollywood. In diesem Sommer 1995 war er wieder in Dublin, um den legendären irischen Bürgerkriegsgeneral Michael Collins zu spielen. Ganze Straßenzüge dienten tagelang als Filmkulisse für Schießereien und Bombenattentate, wie sie in Dublin um 1920 alltäglich waren. Die Regie in dem gleichnamigen Film führte Neil Jordan (geboren 1950), Irlands wohl erfolgreichster Filmemacher.

Das irische Kino hat seit den achtziger Jahren einen beispiellosen Aufstieg mit internationalen Erfolgen und Oscar-Ehrungen erlebt. Während ganz Europa über die Übermacht der US-Filmindustrie jammert, jonglieren irische Autorenfilmer geschickt mit den Geldern amerikanischer oder englischer Produzenten und finanzieren mit den Überschüssen ihre künstlerische Selbständigkeit. Das Ergebnis ist eine bemerkenswerte Kombination von amerikanischem Star- und europäischem Autorenkino.

Neil Jordan drehte Filme wie „Angel" (Irland 1982), „Zeit der Wölfe" (GB 1984), „The Crying Game" (GB 1992, Oscar für das beste Drehbuch) und das erwähnte IRA-Epos „Michael Collins" (1995). Die Einnahmen aus seinen zum Teil in England produzierten Filmen ermöglichen ihm, wieder in seiner Heimat zu arbeiten. So fließt nun Geld und cineastisches Know-How nach Irland. Kameraleute, Filmtechniker und Schnittstudios aus aller Welt siedeln sich allmählich in Dublin an.

Jordans Regisseur-Kollege Jim Sheridan, 1949 in Dublin geboren, drehte „Mein linker Fuß" (Irland 1989), ein Drama über das Leben eines behinderten Malers. Der englische Hauptdarsteller Daniel Day-Lewis erhielt dafür den Oscar. Sheridan führte auch Regie in „Im Namen des Vaters" (1993), in dem hochaktuell das Schicksal von vier Männern verfilmt wurde, die wegen angeblicher IRA-Mitgliedschaft 14 Jahre lang unschuldig in einem englischen Gefängnis saßen (der Fall der „Gilford Four"). In Großbritannien wurde der Film massiv angefeindet (obwohl er für die BBC produziert worden war), während er auf dem Kontinent sowie in den USA größte Aufmerksamkeit erhielt. Ur-irisch dagegen der Stoff von Sheridans knorrigem Westküstendrama „Das Feld" (1990), eine Mordgeschichte im Milieu armer Kleinbauern. Sheridan schrieb auch das Drehbuch für „Into The West" (Irland 1993), ein modernes, mystisches Märchen über die fahrenden Leute (Tinkers) im Irland unserer Tage. Die weibliche Hauptrolle spielte die Amerikanerin Ellen Barkin.

Von Irland und seinem natürlichen Schauspielerpotential fühlen sich inzwischen auch ausländische Regisseure magisch angezogen. Der Engländer Stephen Frears kam 1993 nach Dublin, um die sarkastische Schwangerschaftskomödie „The Snapper" zu drehen. Das Drehbuch hierzu, nach eigenem Roman, verfaßte der Dubliner Lehrer und Schriftsteller Roddy Doyle, der bereits am Skript für Alan Parkers „The Commitments" (Irland, USA 1991) mitgeschrieben hatte: In diesem beschwingten Musikfilm geht es um Dubliner Jugendliche, die ausgerechnet eine Soul-Band gründen wollen: „Das ist doch schwarze Musik", wird dem Bandleader Jimmy Rabitte entgegengehalten. „Na und? Die Iren sind die Schwarzen Europas, und die Dubliner sind die Schwarzen von Irland. Außerdem sind wir Arbeiter, oder?" – „Das wären wir, wenn wir Arbeit hätten!"

Interesse an irischen Filmen läßt sich befriedigen, indem man dem „Irish Film Centre" in der Eustace Street im Altstadtbezirk Temple Bar einen Besuch abstattet. Das der Öffentlichkeit zugängliche Haus befindet sich in einem geschmackvoll renovierten Altbau, zeigt in zwei Kinos zeitgenössische sowie alte irische Filmproduktionen und verfügt über eine auf Filmliteratur spezialisierte Buchhandlung. Ein Café im postmodern gestalteten Lichthof bietet Erfrischungen. Regelmäßig finden hier Veranstaltungen mit bekannten Namen aus der Kinobranche statt. In den oberen Etagen sind die Büros des Nationalen Irischen Filminstituts untergebracht.

Cineasten könnten sich auf ihren Dublin-Urlaub am besten einstimmen, indem sie noch zu Hause die nächste Videothek aufsuchen, um vielleicht eine „Irische Filmnacht" vorzubereiten...

Traditionelle Musik

„There's Whiskey in the Jar"
Irisches Volkslied

Nie sollte man von Folk-Musik reden, wenn Irlands musikalisches Erbe gemeint ist. Das mögen die Iren gar nicht. Folklore hat den schalen Beigeschmack des Ausgestorbenen, des für die Touristen künstlich am Leben Gehaltenen. Die korrekte Bezeichnung lautet daher „Irish Traditional". Unter diesem Oberbegriff verbirgt sich jedoch eine verwirrende Fülle von Stilrichtungen.

Die altkeltischen Barden waren nicht nur für die Überlieferung von Sagen und Geschichten zuständig, sie priesen auch die Taten ihrer epischen Helden in endlosen Balladen, untermalt von Harfenklängen. Turlough O' Carolan (1670-1738) gilt als der letzte Virtuose dieser Tradition. Der blinde Harfenspieler war ein Zeitgenosse von Jonathan Swift (siehe Kapitel „Barden und Poeten"), mit dem er auch trinkfeste Männerfreundschaft pflegte. Den beiden sind zwei Gedenktafeln in der St. Patrick's Cathedral gewidmet. O' Carolan verband die mündliche Überlieferung mit der Kunst der schriftlich niedergelegten Komposition, so daß viele seiner Werke die Zeiten überdauerten und heute wieder gespielt werden. Der Komponist ließ sich durchaus von Kollegen seiner Zeit beeinflussen, so auch vom Italiener Vivaldi. In der Tat ähneln manche Stücke des O' Carolan der klassischen Musik.

Mit dem Untergang der keltischen Stammeskultur veränderte sich die irische Musik. In den Städten machten sich englischsprachige Gassenlieder und schmalzige Salonschlager breit. Lediglich in ländlichen Gebieten lebte die Tradition gälischer Balladen und Tänze fort. Als im 19. Jahrhundert das kulturelle Erbe der Kelten wiederentdeckt wurde (siehe Kapitel „Barden und Poeten"), ertönten auch die alten Klänge wieder und sehen sich seitdem von jeder neuen Generation weiterentwikkelt.

Gern treffen sich musizierende Iren zu unverbindlichen „Sessions" (jeder Musiker ist willkommen), um die allen bekannten Standardstücke zu spielen, dabei aber auch neu zu variieren. Jeder Instrumentalist bekommt Gelegenheit für sein Solo. Ähnlich wie beim Jazz wird viel improvisiert, so daß man vorher nicht unbedingt gemeinsam proben muß. Diese Sessions finden vorzugsweise, manchmal spontan und ohne jede Ankündigung, in den Pubs statt . Wer eine Session „ahnt", nimmt vorsichtshalber sein Instrument mit in die Kneipe. Auf diese Weise treffen sich manchmal bis zu zehn, zwölf Musiker, die sich vielleicht gar nicht kennen und für eine unvergeßliche „irische Nacht" sorgen. Meistens sitzen die Akteure dabei an den Tischen im Publikum. Daneben gibt es organisierte Konzerte mit Bühne und Eintrittsgeld – in großen Kneipen oder auch in Konzerthallen. Der offizielle Verband „Comhaltas Ceoltoiro Eireann" veranstaltet jeden Mittwoch und Donnerstag traditionelle Sessions in seinem Haus „Culturlann na hEireann" in 32 Belgrave Square, Stadtteil Monkstown (Tel. 2800295). Hier findet man auch reichlich Informationsmaterial.

Heute befindet sich die irische Musik auf einem weltweiten Siegeszug. Das Erfolgsrezept besteht darin, offen zu bleiben für neue Impulse, sei es aus anderen Musikrichtungen oder sei es aus anderen Kulturkreisen. Die traditionellen Instrumente der irischen Musik sind Blechflöte (Tin Whistle), Violine, Ziegenfelltrommel (Bodhran), Bandonium, Concertina, Banjo, irischer, mit dem Ellbogen betriebener Dudelsack (Uilleann-Pipe) und hölzerne Querflöte (Wood-Pipe). Hinzugekommen sind akustische Gitarre, Mandoline und die griechische Bouzuki. Gesungen wird meistens in Englisch, selten auch schon mal auf gälisch. Zum Repertoire gehören alte Balladen, moderne Songs sowie extrem schnelle irische (jigs) oder schottische (reels) Steptanz-Rhythmen.

In den achtziger Jahren erlahmte die Popularität des „Traditional" ein wenig; inzwischen kehrt diese Musik jedoch mit Macht in die Pubs und gelegentlich sogar in die Diskos zurück und wird selbst von der allerjüngsten Techno-Generation der Dubs leidenschaftlich gern gehört. Neue Talente tun sich mit alten Recken zusammen; die ganze Sparte ist ein musikalisches Laboratorium geworden. In mindestens 40 Dubliner Pubs finden regelmäßig Sessions und Konzerte statt; aber in allen Kneipen Dublins kann es jederzeit zu einem spontanen Ausbruch von „Irish Traditional" kommen (siehe Kapitel „Pubs and Dubs").

Neben den Tausenden von unbekannten Musikern hat die „Traditional" natürlich ihre Stars: Die berüchtigte Band „The Dubliners" begann in den sechziger Jahren, ihre herzhaften Songs nicht nur in ihrer Stammkneipe „O' Donoghue's" an der Merrion Row zu röhren, sondern auch über 30 Schallplatten aufzunehmen und auf Welttournee zu gehen. Gruppen wie „Planxty" und „Clannad" experimentieren mit alt überliefertem Liedmaterial; die „Wolfe Tones" besingen mit kämpferischen Rebellenliedern drei Dutzend irische Revolutionen, und Christy Moore knüpft nach wie vor an alte Bardentraditionen an; Andy Irvine verbindet keltischen Sound mit Klängen aus dem orientalischen Kulturraum.

Zu den bemerkenswertesten Bands gehört die seit 30 Jahren musizierende Formation „The Chieftains" um den Dudelsackspieler Paddy Moloney. Mit unglaublicher Virtuosität beherrschen sie das ganze Spektrum des „Irish Traditional", spielen jahrhundertelang Überliefertes genauso gern wie Selbstkomponiertes, gehen auch schon mal auf hörbare, ironische Distanz, lassen gelegentlich „Jiddisches" durchklingen und zögern nicht, mit zeitgenössischen Rockmusikern moderne Klangsynthesen auszuprobieren. Ihre bislang letzte CD „The Long Black Veil" (1995) ist eine einzige Live-Session mit folgenden Musikern: Sinéad O' Connor, Van Morrison, Mark Knopfler, The Rolling Stones (!), Ry Cooder, Sting und Marianne Faithful. Hier hört man den Engländer Mick Jagger irische Klageballaden singen, während im Hintergrund Harfe und E-Gitarre spielen. Von wegen Folklore...

Die neue Rockmetropole

„Songs sollten der Ausdruck von Gefühlen sein, die die menschliche Rasse teilt."
Sinéad O' Connor

In den Hinterhöfen des kinderreichen Dublin wuseln seit je die Kids, und aus Kids werden Jugendliche – Dublin ist bevölkerungsstatistisch gesehen die jüngste Stadt Europas. Und Jugendliche lieben nun mal Rockmusik. Dies, dazu die sozialen Probleme in Gestalt von Arbeitslosigkeit sowie die kulturelle und sprachliche Nähe zur Pop-Metropolis London lassen Dublins Teens und Twens massenhaft zur Gitarre greifen, um es ihren englischen Altersgenossen gleich zu tun. Van Morrison, Rory Gallagher, Rock-Barde Chris de Burgh und Bob Geldof mit seiner Band „Boomtown Rats" gingen daraus hervor und wurden über Irland hinaus berühmt. An der Grenze zur Traditional Music rockten Bands wie „Thin Lizzy" und „Horselips". Viele der Begabten und Erfolgreichen wanderten aber blitzschnell nach London ab, weil es dort eine hochentwickelte Infrastruktur von Clubs, Aufnahmestudios und Plattenfirmen gibt.

Den entscheidenden Kick bildete dann die Londoner Punk-Revolution ab 1976. Der Anti-Sound der gesellschaftlichen Underdogs fand in Irland auf Anhieb viele Anhänger und Nachahmer. Die Jugendmaschine Dublin wurde zur brodelnden und boomenden Talentschmiede. Der Kinofilm „The Commitments" gewährt einen amüsanten Einblick in das musikalisch-autodidaktische Treiben der jugendlichen Dubs jener Tage.

Paul „Bono" Hewson und die Musiker seiner Band mit dem phonetisch verfremdeten Namen „U 2" (kommt von „you too") sangen sich mit pathetisch-orchestralen Rocksongs wie „Bloody Sunday" um die ganze Welt. „U 2" zog mit dem kommerziellen Erfolg nicht aus Dublin weg, sondern etablierte in der Windmill Lane im Dubliner Hafen ein eigenes Aufnahmestudio auch für andere Musiker.

Vollzog sich der Aufstieg der Weltband „U 2" noch auf der bewährten Schiene Untergrund-Entdeckung-kommerzieller Erfolg-Selbständigkeit, liest sich die Lebensgeschichte der in Dublin geborenen Sängerin Sinéad O' Connor wie eine Mischung aus Aschenputtel und biographischer Höllenfahrt. Mit dreizehn Jahren büchste sie ihrer sie mißhandelnden Mutter aus, zog zum geschiedenen Vater, wuchs dann im Heim auf, lernte Klavier und klassischen Gesang. Mit einer Garagenband namens „TonTon Macute" tingelte sie durch die Nachtclubs von Dublin. Als Talentsucher sie entdeckten und nach London einluden, entsetzte sie ihre neuen Manager, indem sie sich eine Glatze schneiden ließ: Auf keinen Fall wollte Sinéad O' Connor dem gefälligen Frauenideal der Popindustrie entsprechen.

Auf düster klingenden Alben wie „The Lion and The Cobra" und „I Do Not Want What I Haven't Got" wurde die gequält-aggressive, dennoch volltönende Stimme dieser kratzbürstigen, allzeit zu Provokationen und Beleidigungen aufgelegten Irin ab 1988 zum Markenzeichen einer übergangenen Generation, die sich nun nichts mehr gefallen lassen will. O' Connor verärgerte die amerikanische Öffentlichkeit, indem sie sich weigerte, auf ihren US-Konzerten, wie dort sonst üblich, die amerikanische Nationalhymne abspielen zu lassen; vor heimischem (und entsetztem) Publikum zerriß sie auf der Bühne ein Portrait des in Irland so verehrten Papstes, der ihrer Meinung nach aber frauenfeindlich gesonnen ist und den Menschen das eigenständige Denken verbietet. Immer wenn die Medien gerade anfingen, sich von O' Connor abzuwenden, folgte ein neuer Hit. Die Single-Auskoppelung „Nothing Compares 2 U" („Nichts vergleichbar mit Dir", ein provokantes Wortspiel mit dem Namen der Band U 2) landete auf Hitparadenplatz eins in achtzehn Ländern. O' Connor beteiligte sich am Soundtrack des Films „Im Namen des Vaters" (siehe Kapitel „Filmstudio Dublin"), trat aber auch einer Selbsthilfegruppe für Menschen aus zerrütteten Familien bei. Die würdige Nachfahrin der weiblichen Sagengestalt Meave läßt bei allen Tiraden eine tiefe Verletzlichkeit erkennen. Für viele junge Dubliner verkörpert sie ein Leben, das sich nach spontanen Gefühlen ausrichtet und nur deshalb ein lebenswertes Leben ist.

Sinéad O' Connor ist heute ein Star mit Brüchen, der sich angenehm abhebt vom allzu gefälligen Sprechblasen-Image vieler zu Ruhm und Reichtum gelangten Musikerkollegen. Das amerikanische Musikmagazin „Rolling Stone" wählte sie 1991 zur Künstlerin des Jahres.

Eine Sonderstellung in der irischen Musikszene nimmt wohl die Band „The Pogues" ein. Erste Berühmtheit ergatterten die fünf bis sieben, in wechselnder Besetzung auftretenden Musiker(innen) um den rauhen Sänger Shane McGowan Mitte der achtziger Jahre in den irischen Clubs von Nord-London, wo sie sich alle Mühe gaben, das Klischee vom grölenden Saufgelage-Iren zu bestätigen und gleichzeitig gekonnt zu unterminieren. Ihre Auftritte hatten chaotischen Performance-Charakter. Rücksichtslos vermengten sie Irish Traditional, Punk-Trash, Country und Welt-Folk. Den Kritikern der ersten Stunde galten sie noch als quasi kabarettistische Fußnote des Pop, doch die „Pogues" legten die Hartnäckigkeit von Geisterstunden an den Tag, überraschten mit brillanten Alben, auf denen Irisches sich mit karibischem Reggae und türkischer Musik zu brüllender Lebensfreude zusammentut. Als ihr bestes Album gilt „If I Should Fall from Grace with God" (1988). In ihrer Heimatstadt Dublin fühlte man sich zunächst düpiert, schienen die „Pogues" doch alle schlechten Vorurteile über Iren zu bestätigen und in die Welt hinauszuposaunen.

Renaissance der Salonkultur?

Sie ist dahin die „georgianische Ära" des 18. Jahrhunderts mit ihren Gecken und Dandys, den vierschrötigen und verstädterten Landadeligen, den Schöngeistern, den Müßiggängern, von den Ladies und Kurtisanen ganz zu schweigen. Kaum hatte sich der politisch relevante Teil der Oberschicht im Jahre 1800 nach London davongemacht, verfielen die georgianischen Stadthäuser zu Mietskasernen. Das Industriezeitalter mit seinen sozialen Verwerfungen gab dieser Kultur den Rest. Heute sind die georgianischen Häuser zwar saniert und wieder auf zumutbare Weise bewohnt, die Salons aber, die gibt es nicht mehr.

Oder doch? Es mehren sich zaghafte und nostalgische Versuche, den Glanz jener Epoche wenigstens für einige Stunden wieder erstrahlen zu lassen. Es gibt „Societys" unterschiedlichster Ausrichtung, die zur Soirée, zum Dinner, zum Konzert oder was auch immer einladen (zur Umsturzvorbereitung wohl nicht mehr, wie schade), leider, leider meistens nicht öffentlich; genau wie anno dazumal soll ein Hauch von Exklusivität dem ganzen die attraktive Note verleihen. Man sollte die „richtigen" Leute kennen(lernen), sich nicht aufdrängen, und sich, Noblesse oblige, mit der nötigen Portion Understatement einladen lassen, sofern der geeignete Zeitpunkt gekommen zu sein scheint. Dann aber gilt es, holzgetäfelte Treppenstiegen zu erklimmen, oder, falls es sich um auswärts gelegene Herrensitze handelt, mit dem geleasten Royce oder Jaguar an gekiesten Auffahrten vorzufahren, um bei Kerzenschein einer untergegangenen Epoche zu huldigen: mit Musik, Tanz und sonstigem im simulierten Stil der Zeit.

Wir normal Sterbliche aus den weniger begüterten Volksschichten, dazu die flüchtig Reisenden, haben natürlich kaum die Chance, an solchen Ereignissen teilzuhaben. Doch Dublin hat ein Einsehen: Alljährlich, so Anfang Juni, findet das „Music in Great Irish Houses Festival" statt. Meistens handelt es sich dabei um Kammerkonzerte, seltener Dichterlesungen, in ausgesuchten Privatvillen in und um Dublin. Die Eintrittspreise sind zum Teil gesalzen; über genaue Termine und Örtlichkeiten informiere man sich beim „Irish Tourist Board" (siehe Kapitel „Reisetips-Adressen") oder aus den Veranstaltungskalendern der örtlichen Gazetten.

Die feinen Künste

Dublin ist ein Ort der Künstler, in dem der Geist der Bohème gern wandelt. So gibt es in Dublin neben den großen Museen und staatlichen Galerien (siehe Reisetips unter "Museen" und "Galerien" sowie in den entsprechenden Stadtteil-Kapiteln) über 50 private Galerien. Die kleinen Privatkunsthandlungen liegen hauptsächlich in der südlichen Innenstadt verstreut. Die bildenden Künste Irlands haben es zwar nicht zu solcher Berühmtheit gebracht wie Musik und Literatur; dennoch gibt es eine eigene Vernissage-Szene, die zu besuchen sich durchaus lohnen kann, und sei es nur, um interessante Menschen kennenzulernen. Außerdem lassen sich hier möglicherweise originelle Reisesouvenirs oder Mitbringsel erstehen.

Die Kerlin Gallery in der Dawson Street ist auf junge irische Talente spezialisiert. Hier geht es lebhaft zu. Kleiner, aber genauso sehenswert ist die Caldwell Gallery in der 31 Upper Fitzwilliam Street. Ungewöhnlich: Die Solomon Gallery befindet sich im Einkaufszentrum „Powerscourt Town Centre" in der Grafton Street. In georgianisch eingerichteten Ausstellungsräumen finden sich hier vor allem Skulpturen, Keramiken und Gemälde zeitgenössischer irischer Künstler. Eine der repräsentativsten Galerien Irlands.

Die Taylor Gallery zählt zu den ältesten Dublins und hat sich auf Kunst des 20. Jahrhunderts spezialisiert. Freunde der Fotografie kommen in der Gallery of Photography (33 East Essex Street) auf ihre Kosten. Neben den Werken irischer und internationaler Fotografen kann man hier auch Postkarten, Drucke und Poster kaufen. Sehr empfehlenswert. Die Oriel Gallery (17 Clare Street) zeigt vor allem irische Landschaftsmalerei, darunter auch Bilder von Jack B. Yeats, Bruder des berühmten Dichters William Butler Yeats.

Eine sehr populäre Attraktion ist die sogenannte Boulevard Gallery unter freiem Himmel. Überwiegend Hobbykünstler zeigen straßenseits an den gußeisernen Zäunen der Parkanlagen „Merrion Square" (gegenüber der National Gallery) und „St. Stephen's Green" ihre Werke, meistens sonntags. Talentiertes und Kitschiges stehen hier gleichberechtigt nebeneinander. Die

Preise liegen weit unter denen der etablierten Galerien.

Festivals / Kulturelle Veranstaltungen

Dublin bietet das ganze Jahr über wiederkehrende kulturelle Veranstaltungen. Die Termine sollte man sich anschauen, sobald es darum geht, den Zeitraum des Dublin-Aufenthaltes zu planen. Hier nur die wichtigsten Ereignisse:

Januar: „Aer Lingus Young Scientists Exhibition" in der Royal Dublin Society (RDS) im Stadtteil Ballsbridge. Leistungen junger Wissenschaftler werden der Öffentlichkeit präsentiert.

17. März: „St. Patrick's Day", in der gesamten Innenstadt finden Umzüge zu Ehren des irischen Schutzpatrons mit Blas- und Dudelsackkapellen statt. Sehr lautstark und ausgelassen. Hunderttausende säumen die Straßen; der Menschenauflauf dabei ist in etwa mit dem europäischen Karneval vergleichbar. Irischer geht's nicht.

April: Eröffnung der Opern-Frühlingssaison im Gaiety Theatre.

Mai: „Dublin Irish Music Festival" in Kneipen und Konzertsälen. Gute Chance, berühmte Musiker des Irish Traditional live zu erleben.

Juni: „Bloomsday Literary Festival" um den 16. Juni in Anspielung auf den Roman „Ulysses". Lesungen und Gedenkveranstaltungen an verschiedenen Punkten der Stadt. Hartgesottene treffen sich zur Pilgerreise auf den Spuren der Joyce'schen Romanhelden (siehe Kapitel „Das Dublin des James Joyce").

September: Das weltberühmte, zweiwöchige „Dublin Theatre Festival" (September/Oktober) auf allen Bühnen der Stadt. Gastspiele nationaler und internationaler Ensembles. Ein „Muß" für Freunde der dramatischen Kunst.

Dezember: Die „Dublin Grand Opera Society" eröffnet im Gaiety Theatre in der South King Street festlich die Opern-Wintersaison.

Pubs and „Dubs"

„Nice to meet you" – Der Pub als Kunst- und Lebensform

Pubs sind für die Iren weit mehr als Kneipen – Pubs sind Bestandteil des „Irish Way of Life", selbst für Leute, die nie einen Tropfen Alkohol trinken. Der Pub ist Wohnzimmer und offentlicher Raum zugleich; auszugehen ist in Irland kein feierlicher Sonderfall, sondern schlichte Normalität. Statt sich gegenseitig zu besuchen, treffen sich die Dubs lieber in den Pubs. Hier kennt man Freunde, lernt neue Leute kennen, pflegt Konversation mit Fremden, liest Zeitung, flirtet mit dem anderen Geschlecht und läßt sich die Drinks schmecken: Ein „Pint" ist zwar eigentlich eine Maßeinheit (0,57 Liter), gilt aber als Bestellung eines großen Glas Bieres, in der Regel das dunkle „Extra Stout", kurz Guinness genannt, das in Dublin seit 1775 aus gerösteter Gerste gebraut wird. Die Familie Guinness braute und verfeinerte es damals als Imitation von „Porter", das in London sehr populär war.

Ein Guinness: Schwarz und leicht bitter muß es sein, randvoll gezapft und mit beigefarbenem, cremigen Schaum gekrönt. Es gibt zwar inzwischen ein Konkurrenzprodukt namens „Murphy", doch die Mehrheit der Dubliner bevorzugt aus Tradition oder Gewohnheit das Urgetränk. Erwähnenswert ist auch der irische Whiskey, der so weich und gar nicht rauchig schmeckt, weil er dreimal gebrannt wird. Die bekanntesten Sorten heißen „John Power's", „Jameson", „Paddy", „Tullamore Dew" sowie der aus Nordirland importierte „Old Bushmill's", der jedoch geschmackliche Verwandtschaft mit schottischem Whiskey nicht verleugnen kann (natürlich kriegen Sie auch überall ihren Scotch, wenn sie darauf bestehen). Jeder Dubliner Wirt bietet darüber hinaus noch eine große Bandbreite an Likören und internationalen Spirituosen; bei Weinen wird die Auswahl spürbar geringer. In Mode gekommen sind neuerdings Tonic-Getränke auf Gin- oder Wodkabasis. Raffinierte Cocktails dagegen wird man in einem normalen Pub kaum bekommen. Unter den hellen Bieren finden sich vor allem die irischen Lager-Sorten „Harp", „Kilkenny" und das braune, ale-ähnliche „Smithwick's". Die Guinness-Brauerei produziert und verkauft darüber hinaus ein deutsches Lizenzbier namens „Fürstenberg". Wenn man jedoch gerade aus dem Naßkalten kommt, sollte man zum Aufwärmen lieber einen „Irish Coffee" bestellen: heißer Kaffee mit Whiskey und Zucker, darüber eine Haube steif geschlagener Sahne. Mmmh!

Dublin ist die Mutter aller Pubs; es gibt hier über 1000 davon. Bei Wegbeschreibungen müssen sie oft als Landmarken herhalten („...und am dritten Pub rechts abbiegen"). Beliebt ist das „Pub Crawling", bei dem man an einem Abend möglichst viele Lokale abklappert, was bei der hohen Pub-Dichte in der Innenstadt gut zu Fuß bewältigt werden kann. Meistens muß man nur die Straßenseite wechseln.

Die Einrichtung ist gemütlich, oft uralt: In einigen Pubs haben die Tresen über 100 Jahre auf dem Buckel, das Lokal zuweilen noch mehr. Rotbraun- und

McDAIDS
3
3
Budweiser
Carlsberg

schwarzgebeiztes Holz bilden die häufigsten Farbgebungen der Inneneinrichtungen, dazwischen glänzen messingfarbene Zapfhähne, verlockend überbordende Getränkeregale und halbblinde Spiegel mit altmodischer Whiskeyreklame. Unter den rauchgeschwängerten Decken funzeln Kugelglaslampen. Einige ältere Pubs haben noch „Snugs", abschließbare Einzelsäuferkabinen mit Milchglasscheiben, die nur zum Tresen hin zu öffnen sind. Früher konnte man hier mit seinem Rendezvous auf geschlossene Gesellschaft machen; heute sind die Türen meist entfernt, so daß die Snugs nur noch offene Parzellen am Tresen und somit Legende darstellen. Es ranken sich merkwürdige Geschichten um diese „geschlossenen Abteilungen". Den Wirt fragen.

Die Getränke muß man fast immer am Tresen bestellen, selbst abholen und sogleich bezahlen. Das sorgt für angenehme Unruhe an der dichtbesetzten Theke; laufend treten neue Gesichter ins Blickfeld, entschuldigen sich kurz für die unvermeidliche Nähe und rufen ihre Bestellung zur anderen Seite des Mahagoni, wo die zumeist beschlipsten Wirte und Kellner Schwerstarbeit leisten. So kommt man aufs Getränk wartend ins Gespräch, wird vielleicht zur nächsten Runde eingeladen und die Kommunikation breitet sich im Raum aus wie Wellen, nachdem ein Stein ins Wasser geworfen wurde.

Das Gespräch mit Freunden und Fremden steht im Vordergrund, und genau aus diesem Grund gibt es in den meisten Dubliner Kneipen keine Beschallung aus wattstarken Hi-Fi-Anlagen. Totenstille herrscht dennoch nicht vor: Wenn Sie einen Pub betreten, werden Sie einladend vielstimmiges Gemurmel sowie lautstarke Bestellungen vernehmen – aber Top-Twenty vom Band? Nein danke, schaudert der Dubliner, die nächste Disco ist um die Ecke, bitte schön. Musik gibt es nur „live" (im Hinterzimmer) oder als „Session" von unverstärkt musizierenden Gästen (siehe Kapitel „Traditionelle Musik").

Viele Pubs haben natürlich ihr eigenes Lieblingsmilieu, trotzdem ist die Dubliner Kneipenlandschaft eine tendenziell klassenlose Gesellschaft. Es gibt kaum Pubs, die von einer einzigen Szene restlos geprägt werden. Selbst die Angehörigen der jugendlichen Subkulturen bevorzugen meistens Kneipen, in denen schon die Großväter zechten, dominieren diese vielleicht manchmal, schließen aber niemanden aus. Schwer für Abgrenzungskünstler, die milieumäßig unbedingt „unter sich" bleiben wollen. So sitzen oder stehen Punk und Gentleman, alte Lady und junges Model, Zugereister oder Stammgast an einer Theke, ohne daß Befremden aufkommt – Pub kommt schließlich von „Public House". Die Dubliner sind gleichermaßen offen, neugierig wie tolerant und neigen nicht zur Ghettobildung.

Die Wirte sind stolz auf die Traditionen, Anekdoten und Legenden ihrer Häuser. Im leider nicht mehr existierenden „The Bailey" soll 1920 der damalige IRA-Chef Michael Collins ein Pint zu sich genommen haben, als plötzlich eine englische Militärpatroullie in die Duke Street einrückte. Der Wirt versteckte seinen gesuchten Gast hastig in der oberen Etage. Und im „Brazen Head" um 1796 bestand die Hälfte der Kundschaft aus irischen Verschwörern, die andere Hälfte dagegen aus britischen Spitzeln. Den Gelagen folgten Verhaftungen. . .

Das „McDaid's" rühmt sich heute noch, daß Dichter wie Brendan Behan und Flann O' Brian in den fünfziger Jahren hier zechten und anschreiben ließen. „Dublin hat auf Alkoholiker die gleiche Wirkung, wie ein Mädchenpensionat auf einen Sexsüchtigen", behauptete der Schriftsteller Ulick O' Connor über die Pubkultur der Hauptstadt. Hemmungslos Betrunkenen begegnet man aber eher selten; statistisch gesehen hat der Alkoholkonsum der Dubliner sogar mit den Jahren abgenommen. Das mag neben der Gesundheits- und Fitneßwelle an den Preisen liegen: Ein Pint Guinness kostet zwischen 2 und 2,30 irische Pfund (4,40 bis 5,00 DM); ein Fingerbreit Whiskey so um die 2 Pfund.

Die meisten Pubs sind vom Vormittag bis zur Sperrstunde geöffnet. Die Schließung in den Nachmittagsstunden, seinerzeit eingeführt, um notorische Trinker loswerden zu können, wurde 1988 aufgehoben. Lediglich an Sonntagen schließen die Pubs zwischen 14 und 16 Uhr. Ein Ritual für sich stellt der abendliche Rausschmiß dar: Die Sperrstunde ist um 23.30 Uhr (sonntags und im Winter um 23 Uhr). Wenige Minuten davor bittet das Personal in unmißverständlicher Lautstärke um die „Last order". Pünktlich genau auf die Minute werden dann die Zapfhähne abgedreht, da hilft kein Flehen und kein Flennen mehr. Anschließend wird den Gästen dann noch eine halbe Stunde „drinking-up time" gegönnt. Kurz nach Mitternacht spätestens sitzen alle auf der Straße.

Eine der schönsten Möglichkeiten, Dublins Pubs kennenzulernen und gleichzeitig etwas von der irischen Literatenszene zu erfahren, ist die von der Whiskey-Destillerie „Jameson" veranstaltete „Dublin Literary Pub Crawl". Hierbei handelt es sich um eine Führung, bei der professionelle Schauspieler des Abbey-Theaters die Besucher in Gruppen und zu Fuß durch die Dubliner Innenstadt lotsen und an jenen Punkten (meistens Pubs) haltmachen, an denen irische Schriftsteller wesentliche Abschnitte ihres Lebens verbrachten. In gemütlicher Atmosphäre werden dann Anekdoten aus dem Leben der berühmten Autoren erzählt, Szenen nachgespielt und Werkauszüge verlesen. Die Tour dauert zweieinhalb Stunden und startet täglich um 19.30 Uhr (im Sommer zusätzlich um 15 Uhr) im „The Duke", Duke Street. Die originelle und hochamüsante Führung kostet sechs Pfund pro Person (Getränke nicht inbegriffen).

„Letzten Abend in Dublin" – eine Reportage

Es hat zu regnen angefangen. Dabei war es ein sonniger, geradezu heißer Tag gewesen. Der Taxifahrer hatte uns am frühen Abend in der **St. Andrew Street** abgesetzt; hier liegen gleich mehrere akzeptable Restaurants. Während sich draußen die Regenschirme öffnen, ist es drinnen immer noch brütend warm. Trotzdem bringt der Kellner „Irish Coffee". Das heiße Whiskey-Kaffeegemisch treibt uns erst den Schweiß auf die Stirn und dann ins Freie. Endlich kühle Luft.

Durch den Sprühregen die **St. Andrew Street** aufwärts. Zwei Pubs liegen an der nächsten Ecke, wir betreten den linken: die „International Bar". Bestenfalls halb gefüllt, aber kein Tisch komplett frei. Auf den unbesetzten Hockern liegen Regenmäntel, Jacken und Handtaschen. Hier scheint die Zeit stehengeblieben: Gedämpftes Stimmengemurmel steigt zu den hohen Decken herauf. Der Mann hinter der Bar reinigt mit nachdenklicher Langsamkeit den makellos glänzenden Marmortresen: Er poliert hier, er poliert da, mehr Meditation als Zweck. Wir ordern schwarze Kaltgetränke und nehmen an einem der niedrigen Tische Platz, diskret Abstand haltend zur Gruppe der dort bereits sitzenden Gäste. Trotzdem werden wir begrüßt: „Wo seid ihr her?"

Einer der jungen Leute entpuppt sich als Engländer aus Liverpool, „aber mein Großvater war Ire". Er und der Rest der Gruppe haben sich gerade erst kennengelernt. Wir müssen die Nationalität eines weiteren Mitgliedes dieser Runde erraten. Seine Freundin ist zwar Dublinerin, er selbst aber...? Nur schwacher Akzent, er scheint schon lange hier zu weilen. Die Lösung lautet schließlich „Kosovo, Jugoslawien." Warum er in Dublin lebt? „Warum nicht? Na ja, wegen ihr natürlich" und stellt uns seine Gattin vor.

Die Bar füllt sich mit Gästen, die keinen Sitzplatz mehr finden. Allmählich kommt Leben in die frühabendliche Gemächlichkeit. Eine Gruppe von Schottinnen entschuldigt sich dafür, einen mit Jacken überladenen Hocker versehentlich umgestoßen zu haben. Das Länderraten wird mit ihnen fröhlich, aber erfolglos fortgesetzt, selbst den Engländer vermögen sie nicht zu outen – „Scotland, zero points", jubelt die Clique.

Die Gruppe rafft ihre Sachen zusammen und verkündet, jetzt nach Wicklow zu einer „Party" zu fahren. Wicklow ist 50 Kilometer entfernt. „Wir haben zwei Autos hier, kommt doch mit". Wir lehnen dankend ab, trotz der vagen Andeutung, daß Sinéad O' Connor in Wicklow lebe und mit den Gastgebern befreundet sei. Da es zu regnen aufgehört hat, entschließen wir uns aber, ebenfalls zu gehen und uns vom „Pub Crawl" woanders hin schwemmen zu lassen. In der Straße wird noch mit Scheinwerfern fluchend an einer kleinen Baustelle, ein halbfertiger Laden, gearbeitet. „Ich hab' überall verkündet, daß die Bude morgen aufmacht", erklärt sich achselzuckend der einzige Arbeiter, offenbar der unglückliche Besitzer, ohne daß wir ihn gefragt hätten.

In der Baggot Street landen wir im überfüllten „Doheny & Nesbitt" und ergattern Stehplätze in der zweiten Reihe vor der Bar, mehr ist nicht mehr drin. Einer der Barmänner blickt zur Wanduhr hoch und brüllt unvermittelt „Last order, please, Ladys and Gentlemen!" Unruhe, fast Panik macht sich auf ansteckende Weise breit. „Zwei Guinness, bitte!", sagt meine Begleiterin in Richtung Personal, „Für mich auch zwei", rufe ich eilig, ohne nachzudenken, korrigiere mich aber nicht.

Eine Minute später stehen wir da mit je zwei Pints in den Händen, keinesfalls die einzigen derart Versorgten. Motorisch voll ausgelastet, gestaltet sich der Griff zur Zigarettenschachtel zum akrobatischen Unterfangen. Ein unbekannter Mitgast ist behilflich und nutzt die Gelegenheit, uns eine Geschichte über diesen Pub zu erzählen – irgend etwas über eine geheime Trinkerloge, die sich hier früher im Hinterzimmer getroffen hätte, um. . . die Pointe erfahren wir nicht mehr, weil der Erzähler sich selbst unterbricht mit einer weiteren Geschichte, die sich um einen der beiden „Snugs" am Ende des

Bar dreht. Einst konnte man diese hölzernen, nicht einsehbaren Kabinen exklusiv nutzen, um sich im Pub zu befinden und dennoch diskret von der Öffentlichkeit abgeschirmt zu bleiben.

Jedenfalls, Prinzen und Tänzerinnen hätten da schon, na ja, was auch immer, behauptet unser Gesprächspartner, jedenfalls hätten die Wirte immer dicht gehalten und deshalb könne er sich nicht hundertprozentig für die Legende verbürgen, die er uns nun erzählen wolle, also das war so, sein Kumpel Robert war mal Kellner, in den Siebzigern, sah hier genau so aus wie heute, und da kam dann so ein Kerl rein, den man aus dem Fernsehen kannte, wie hieß der noch gleich . . .

Zwischen Guinness und Whiskey – Orientierungshilfe im Kneipendschungel

Hier folgt nun eine alphabetische Übersicht Dubliner Pubs mit ihren Adressen. Die Liste ist selbstverständlich nicht vollständig. Zögern Sie nicht, Dubliner nach empfehlenswerten Kneipen zu fragen oder auf eigene Entdekkungsreise zu gehen. In den Zeitschriften „In Dublin" sowie „Dublin Event Guide" werden Konzerte und Veranstaltungen regelmäßig angekündigt sowie neue Adressen abgedruckt.

Eine Warnung: Mahlzeiten sind in irischen Pubs keine Selbstverständlichkeit, stellten bis vor wenigen Jahren sogar noch ein Exotikum dar. Doch allmählich bieten immer mehr Pubs kleinere oder größere Speisekarten (manchmal nur mittags) an, andere begnügen sich immerhin mit Sandwich-Toasts. Wer sicher gehen will, nicht hungern zu müssen, gehe vorher in einem Restaurant essen oder beachte die gastronomischen Hinweise in der folgenden Liste.

An Béal Bocht. 58 Charlemont Street, Nähe Grand Canal. In der Bar gibt es regelmäßig irische Musik; im Hinterzimmer („Lounge") finden Konzerte und kleine Theateraufführungen statt. (1)

The Auld Dubliner. 17 Anglesea Street. Eine röhrende Kneipe des wiederauferstandenen Bezirks Temple Bar. Außen zeigt eine Wandmalerei einen alten Käptn; im Inneren machen nackte Ziegelwände auf rustikal. Traditionelle Sessions. Viele Touristen im Sommer. (2)

Baggot Inn. 143 Lower Baggot Street. Zweiräumige Kneipe. Häufig kleine Rockkonzerte. Überwiegend junges Publikum aus der Popszene.

Brazen Head. 20 Lower Bridge Street. Die älteste Kneipe Dublins, erstmals erwähnt im Jahre 1613. Angeblich stand hier schon zu Wikingerzeiten eine Schänke. Das heutige Gebäude stammt aus dem Jahr 1700 und diente als Herberge und Droschkenstation. Die Revolutionäre Wolfe Tone und Robert Emmett von den „United Irishmen" konspirierten hier. Die höhlenartige Bar ist urgemütlich; an kalten Abenden brennt das Kaminfeuer. Nebenan gibt es eine neue Lounge, in der man auch speisen kann. Jeden Abend traditionelle Musik, an Donnerstagen Jazz und Blues. (3)

Brian Boru House / Hedigan's. 5 Prospect Road im Vorort Glasnevin, Nähe Friedhof. Berühmte Beerdigungskneipe, schon von Joyce im „Ulysses" erwähnt.

Bruxelles. 7 Harry Street (gegenüber des „McDaid's"). Absolute Jugendkneipe, eine der wenigen Pubs, wo man lautstark vom Band beschallt wird.

Clifton Court Hotel Pub. An der O' Connell Bridge. Hotelbar mit regelmäßigen Konzerten (Traditional, Jazz).

The Crane Bar. 20 Crane Lane. Seit 1830 im Viertel Temple Bar. Kunstvolle Einrichtung. Eine der beliebtesten Kneipen der Dubliner Jugend. Laut. (4)

Davy Byrne's. 21 Duke Street. Leopold Bloom, Joycescher Romanheld im „Ulysses", nahm hier sein Lunch in Form eines Gorgonzola-Sandwiches zu sich. Heute ist das generalüberholte „Byrne's" eine postmoderne Innenstadtkneipe, in der tagsüber Geschäftsleute und Yuppies lunchen. Sehenswert sind die modernen, aber kunstvollen Spiegel im hinteren Teil des Lokals. Sehr gute Küche. (5)

Doheny & Nesbitt. 5 Lower Baggot Street. Eines der zu Recht beliebtesten, weil authentischen Pubs Dublins. 130 Jahre alt, aus der Zeit stammt auch das Schaufenster mit der Aufschrift „Tea and Wine Merchant". Die teakhaltige, victorianische Einrichtung mit antik wirkenden Spiegelwänden hat den staubigen Charme des nachlässig Gepflegten. Hier gibt es noch abschließbare „Snugs" für jeweils vier Personen. Beliebt bei Künstlern, Schriftstellern, Studenten, Journalisten und Politikern. Intellektuell-ungezwungene Atmosphäre. (6)

The Duke. 9 Duke Street. Sehr große, mehrgeschossige Kneipe im Einkaufsviertel. Entsprechend gemischtes Publikum, Tag und Nacht volles Haus.

The Falcon (früher „The Bleeding Horse" genannt). 24 Camden Street (südliche Verlängerung der Wexford Street). 1710 gegründet. Schwere Hölzer im Decor, hohe Decken, Kaminfeuer, kleine Speisekarte. Nur ein Steinwurf vom „Whelan's" entfernt (siehe unten). (7)

The Ferryman (oder so ähnlich). Wahrscheinlich am Sir John Rogerson's Quay, irgendwo im Hafen am Südufer des Liffey (Erinnerungslücken). Bitte fragen Sie sich durch. Einzigartig. Es trinken und musizieren die Anwohner. Unter den Kneipen mit Traditional Music der Geheimtip. Vielleicht ein wenig zu geheim.

Flannery's / The Temple Bar. 44 Temple Bar. Herausgerissen wurde kürzlich das geschmacklose Plastikinterieur aus den 70er Jahren; altes Holz und roter Backstein feierten fröhlich Urständ. Mehrere Schankräume verteilen sich labyrinthartig durchs Haus. Im Sommer immer brechend voll; die jungen Gäste trinken und singen dann auf der Straße (zum Leidwesen der Polizei). (8)

Flowing Tide Pub. Abbey Street / Marlborough Street. Gleich um die Ecke des berühmtes Abbey-Theaters. Entsprechend die Gästeschaft.

Foggy Dew. 1 Fownes Street Upper (im Temple Bar District). Angeblich die kleinste Kneipe Dublins. Groupies aufgepaßt: Hier gehen angeblich Musiker nach dem Konzert einen trinken.

Ha' Penny Bridge. 42 Wellington Quay. Unweit der gleichnamigen Fußgängerbrücke am südlichen Liffey-Ufer. Hier verkehren noch Leute, die den ach so angesagten Bezirk Temple Bar auch schon vor 1990 kannten...

The Harcourt. Harcourt Street. Bekanntes Lokal für alle Arten von Live-Musik. Donnerstags Disco.

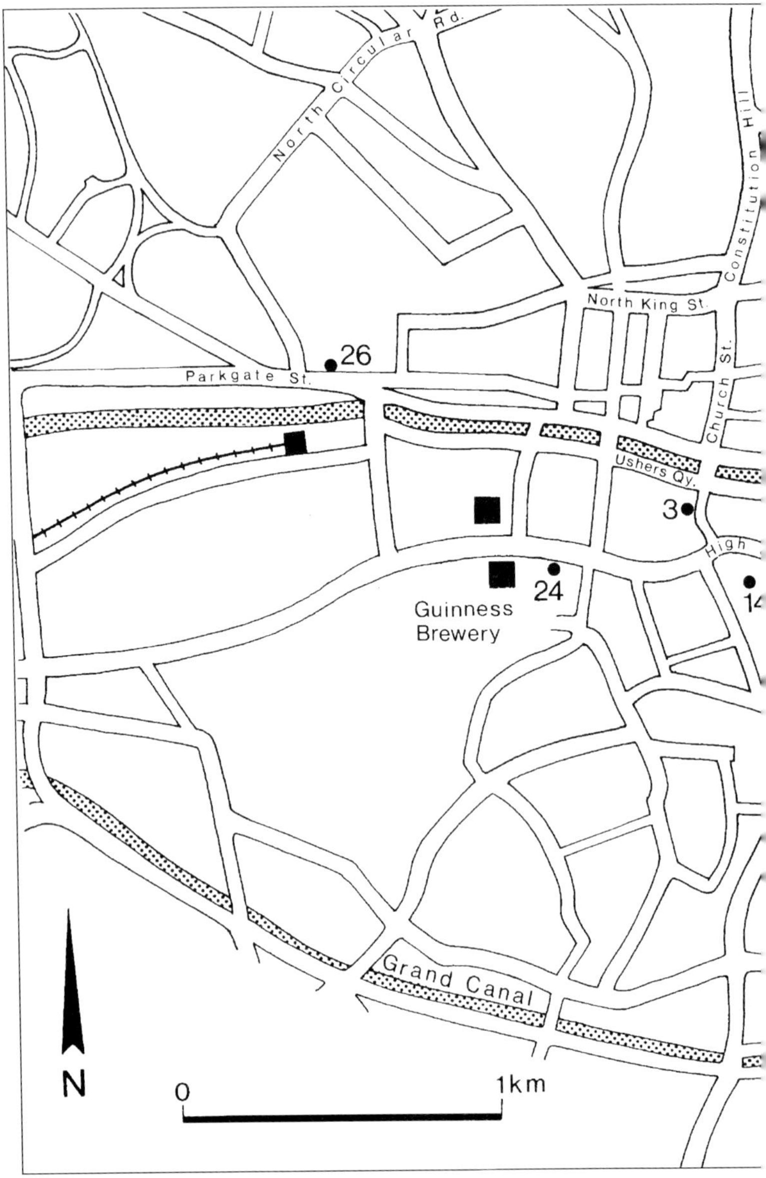
North Circular Rd.
Constitution Hill
North King St.
Church St.
26
Parkgate St.
Ushers Qy.
3
High
24
14
Guinness
Brewery
Grand Canal
N
0
1km

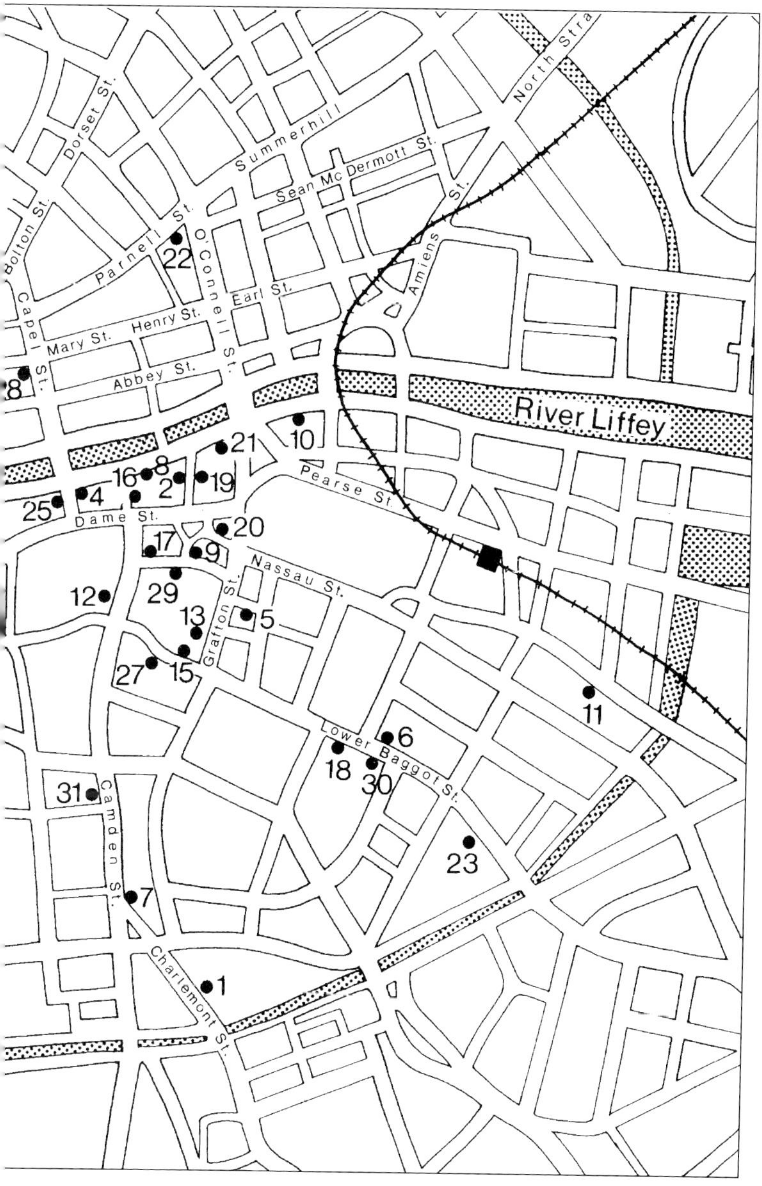
River Liffey
North Stra
Summerhill
Sean Mc Dermott St.
Dorset St.
Bolton St.
Parnell St.
O'Connell St.
Amiens St.
Earl St.
Henry St.
Mary St.
Capel St.
Abbey St.
Pearse St.
Dame St.
Nassau St.
Grafton St.
Lower Baggot St.
Camden St.
Charlemont St.
1
2
4
5
6
7
8
9
10
11
12
13
15
16
17
18
19
20
21
22
23
25
27
29
30
31

Hughes's. 19 Chancery Street (hinter den „Four Courts"). Hier finden regelmäßig Traditional-Sessions statt.

The International Bar. 23 Wicklow Street. Seit 1888 in Familienbesitz. Victorianisches Ambiente mit Marmor-Tresen. Es geht eine lässige Trägheit von diesem Pub aus. Beliebter Treffpunkt für junge bis mittelalte Generationen, dennoch dezente Lautstärke im Raum. In der Keller-Lounge wird manchmal musiziert, im Obergeschoß gibt es eine zum Lokal gehörende Bühne für freie Theatergruppen. Sehr empfehlenswert. (9)

John M. Keating. 14 Mary Street. Ruhiges Lokal. Hier kann man in Armsesseln von ungeahnter Tiefe versinken. Gelegentlich Traditional Sessions.

John Mulligan's. 8 Poolbeg Street. Sehr charakteristische Bar, gegründet 1782. Der spätere US-Präsident John F. Kennedy arbeitet 1945 als Auslandskorrespondent in Dublin – dies war seine Stammkneipe! Noch heute von Journalisten, aber auch von Studenten und Anwohnern frequentiert; das Trinity College und die Zeitungsredaktionen liegen in der Nähe. Spartanische Einrichtung, ein Pub zum Quatschen. Beliebt bei Dubliner Originalen. Angeblich das beste gezapfte Guinness in der Stadt (ohne Gewähr). (10)

Kavanagh's. 1 Prospect Square (im Vorort Glasnevin, Nähe Friedhof). Eine weitere Beerdigungskneipe. Dies ist erwähnenswert, weil irische Begräbnisprozessionen einen gewissen Ruf besitzen. Nach der Beisetzung versammelt sich die Trauergemeinde im Pub, um unerwartete Lebenslustigkeit an den Tag zu legen. Es fließen viele Tränen und noch mehr Getränke. Gern singt man dann den unvergeßlichen Choral „You are gone, Dannyboy". In diesem Pub wurden viele Kinofilmszenen gedreht, weil die Einrichtung so typisch erscheint.

Kehoe's. Anne Street. Rustikal. Zumeist junge Gäste, die schon für Stimmung sorgen.

Kitty O' Shea's. 25 Grand Canal Street. Benannt nach der Geliebten von Charles Stewart Parnell (siehe Kapitel „Rebellion oder Home Rule"). Renoviert im alten Stil mit viel Holz und Steinfußboden. Warme Küche. Fast jeden Abend traditionelle Live-Musik. Sehr populär bei allen Generationen. (11)

The Long Hall. South Great George's Street. Berühmtes Interieur, das victorianisch leicht überladen wirkt: Messing, Mahagoni, große Spiegel – das volle Programm. Bürgerliches Publikum. (12)

McDaid's. 3 Harry Street (Seitengasse der Grafton Street). In den 50er Jahren eine von mehreren berühmten Stammkneipen der Dichter Brendan Behan, Patrick Kavanagh und Brian O' Nolan alias Flann O' Brian. Folgender Dialog der zänkischen Poeten ist überliefert: O' Nolan beschimpfte Kavanagh mit den Worten „Du bist doch nur ein zweitklassiger Dichter", worauf Kavanagh grüblerisch erwiderte: „Das sind wir leider alle seit Homer". Hinterm Tresen gibt es eine Falltür zum Bierkeller. Hübsche Einrichtung, studentische Kundschaft. (13)

Mother Redcap's. Christchurch Backlane 8. Neumodische, aber geschmackvolle Kneipe für Sportfans. Helle Hölzer dominieren die Einrichtung. Öfter mal Live-Musik. (14)

Neary's. 1 Chatham Street (Nähe Grafton Street). Draußen: Ein Backsteingebäude, an der Mauer ragen zwei Lampen haltende Bronzearme hervor. Drinnen: Düster im edwardianischen Stil, mit viel Mahagoni, plüschigem Satin und Milchglas. Lebhaftes Stammlokal vieler Schauspieler (das Gaiety-Theater liegt um die Ecke). Leckere Küche (geräucherter Lachs). Eine Etage höher die ruhigere Lounge mit Clubatmosphäre (für gemächliche Teestunden). (15)

Norseman Pub. Essex Street East. Schöner, traditioneller Temple-Bar-Pub. Gemischtes Publikum, darunter viele Künstler und Kunstbeflissene, die schon mal die Instrumente zwecks Session auspacken. Gelegentlich schwappen aus Versehen fröhlich-beschwipste Kids vom benachbarten „Flannery's / The Temple Bar" (siehe weiter oben) herein. Ja, ja, die Jugend... (16)

The Old Stand. 37 Exchequer Street. Angenehme Kneipe. Warmes Essen, sehr sympathisches Personal. Der richtige Ort zum Schlemmen und Schwatzen. Im gleichen Viertel zwischen Dame Street und Wicklow Street liegen viele weitere gute Pubs („The Stag's Head", „The International Bar", „O' Neill's", siehe weiter unten und oben). (17)

O' Donoghue's. 15 Merrion Row. Seit Jahrzehnten die „In"-Kneipe für Fans der traditionellen Musik. Die „Dubliners" starteten hier in den 60er Jahren ihre Karriere. Jeden Abend Sessions, meistens hoffnungslos überfüllt. Sehr viele Touristen. Der Wirt verkauft T-Shirts mit der Aufschrift „I Survived a Night at O' Donoghue's". (18)

The Oliver St. John Gogarty. 57 Fleet Street. Benannt nach dem Dichter, Chirurgen, Trinker und Joyce-Kumpel. Zweigeschossige Kneipe mit Küche und Traditional Sessions. Gelegentliche Dichterlesungen (den Wirt fragen). Im Sommer rammelvoll (wir sind in Temple Bar!), aber tolle Atmosphäre, besonders im rustikal gestalteten, oberen Stockwerk. (19)

O' Neill's. 2 Suffolk Street. Sehr großer Pub mit fünf Theken. Bemerkenswerte Einrichtung. Durch die Nähe zum Trinity College von Studenten dominiert. In den Sommermonaten fest in amerikanischer Hand. Laut, hektisch, großstädtisch – aber nie langweilig. (20)

The Palace Bar. 21 Fleet Street. Unprätentiöser Pub, dessen hinterer Raum über ein herrliches Oberlicht verfügt. Das mythenumwobene „Palace" war früher die beliebteste aller Kneipen unter Journalisten und Schreibern. Sehr zentral gelegen. Oft gefüllt, daher eng in der schlauchförmigen Bar. Gemischtes Publikum, es überwiegen aber Intellektuelle und junge Geschäftsleute. Kommunikativ. (21)

The Parnell Mooney. 74 Parnell Street. Ein katholisches Krankenhaus sowie ein Theater liegen um die Ecke, zu den Stammgästen gehören wohl deshalb Priester, Nonnen und Schauspieler! Nebenan eine Disco. (22)

The Pembroke. Pembroke Street Lower. Gemütlicher Pub nähe Baggot Street. Im Erdgeschoß eine große Bar, im Keller eine Lounge mit Live-Musik. Bei warmem Wetter kann man vor dem Lokal im Freien, bei Kälte drinnen am Kamin sitzen! Junges, aber nicht zu junges Volk. (23)

21 PALACE BAR 21

Parliament Inn. 27 Parliament Street. Anspruchsvolle, moderne Bar. Eine Treppe höher gibt's Disco.

P. O' Loinsigh. 144 Thomas Street. Traditionsreiches Lokal in der Nähe der Guinness-Brauerei. Um 1916 genoß der Pub den Ruf eines Rebellennestes („Gunmen's Pub")

Purty Kitchen. Old Dunleary Road (im südlichen Vorort Dun Laoghaire, 8 Kilometer von Dublins Innenstadt). Traditionelle Kneipe seit 1728. Unten die Bar, oben ein Konzert- und Tanzsaal (Rock, Traditional). Die Autofähre nach Wales ist in der Nähe, daher der richtige Ort für eine Abschiedsparty.

Rumpoles. 18 Parliament Street. Im Bezirk Temple Bar zwischen City Hall und River Liffey. Früher mal verschwiegener Geheimtip unter Schauspielern, jetzt schon bekannter. Zuweilen Live-Musik. Stimmungsvolle Atmosphäre. (25)

Ryan's. 28 Parkgate Street (Richtung Phoenix Park). Gilt einrichtungsmäßig als das Juwel unter Dublins Kneipen. Die Theke ist ein Schlachtschiff von Mahagoni, an der hohen Decke dämmert gefiltertes Tageslicht durchs Oberlicht, an der Bar gibt es noch abschließbare, diskrete „Snugs", alles glänzt, sogar auf den Toiletten dominiert Messing. Restaurant eine Etage höher. (26)

Sinnot's. 26 St. Stephen's Green. Im Keller des Kaufhauses „St. Stephen's Green Centre". Neue, aber sehr gelungene Kneipe. Nur für Nichtraucher! (27)

Slattery's. 129 Capel Street. Eine der wichtigsten Musik-Pubs der Stadt (Traditional, Jazz, Blues). Zwei Bars auf zwei Stockwerken. Zuweilen touristisch, aber immer etwas los. (28)

The Stag's Head. 1 Dame Court (Ecke Dame Lane, ein Block südlich der Dame Street). Etwas versteckt gelegen, obwohl es ein großer Pub ist. Kennzeichen ist hier namensgebend ein riesiges Hirschgeweih an der Tresenwand. Polierter Marmor und glänzende Ledersessel locken seit 1890 den Dubliner in die warme Atmosphäre dieser Lokalität, die sich äußerlich distinguiert gibt, aber dennoch von lebenslustigen Menschen aller Alters- und Sozialschichten besucht wird. Im Keller gibt es eine weitere Bar, in der schon mal die Gäste singen. Das Stag's Head ist bekannt für gutes Essen. An Wochenenden oft überfüllt. (29)

Toner's. 139 Lower Baggot Street. Gleich gegenüber des „Doheny & Nesbitt", ähnlich daher das Milieu. Der Pub selbst – eine Lust fürs Auge. Seit der Gründung 1842 praktisch nicht renoviert. Hinter der Theke zahlreiche Regale und Fächer, unordentlich-liebevoll überladen mit Gastro-Kram aus zwei Jahrhunderten. Schwankender Holzfußboden, man hofft stark, daß es keinen Keller gibt (es gibt einen). Die Atmosphäre changiert zwischen umtriebiger Bohème und moderner Lässigkeit. Gleich links nach dem Eintreten ein allerdings nicht mehr abzuschließender Snug, in dem einst William Butler Yeats saß. Der große Dichter, wahrlich kein Freund des Menschengetümmels, hatte sich um 1900 von Lebemann Oliver St. John Gogarty überreden lassen, doch endlich mal auszugehen. Im „Toner's" nahm Yeats einen Sherry zu sich und sagte: „Na gut, ich habe jetzt einen Pub gesehen. Bitte fahren Sie mich nun unverzüglich nach Hause". (30)

Whelan's. 25 Wexford Street. Jugendorientierter Pub mit großem Konzertsaal im Hinterhaus. Häufig Auftritte bekannter Bands aller Musikrichtungen, vorwiegend Traditional. (31)

Discos und Nachtleben: Die Zeit nach der Sperrstunde

Noch bis vor wenigen Jahren war die Nachtklub-Szene von Dublin völlig unterentwickelt. Lediglich in der Leeson Street, im Volksmund „The Strip" genannt, zwischen St. Stephen's Green und Grand Canal, hatte sich seit den sechziger Jahren ein halbes Dutzend öder Tanzschuppen als provinzielle Imitation von 'Swinging London' etabliert. Zu trinken gab es mangels voller Lizenz oft nur klebrigen, aber teuren Wein, die Einrichtung war ein Greuel aus Plastik, die Musik unüberlegt zusammengestellt und das Benehmen des Publikum trotz der damals obligatorischen Krawatten unterste Schublade. Für eine Großstadt jedenfalls indiskutabel.

Das alles hat sich gründlich geändert. Die jungen Iren haben die Welt gesehen und wissen, was sie verlangen können. So gibt es mittlerweile um die 40 Nightclubs in Dublin; für jeden Geschmack ist etwas dabei. Hard-Rock, Soul, Reggae, Punk, Folkrock, Jazz und natürlich Techno sowie House-Music. Die Szene ist launisch, und die neuen Läden schießen wie Pilze aus dem Boden und machen ebenso oft wieder dicht. Da fällt es im Gegensatz zur traditionshaltigen Pub-Kultur schwer, Tips mit Haltbarkeitsgarantie zu formulieren. Heute „in", morgen „out", so schnell geht das. Am besten kaufe man ein Exemplar der vierzehntäglich erscheinenden Szene- und Veranstaltungszeitschrift „In Dublin", wo es eine eigene Rubrik „Clubbing" gibt. Hier findet man Musikrichtungen, Adressen, Öffnungszeiten und Veranstaltungen der einschlägigen Lokale.

Dublins Nachtklubs erwachen zum Leben, wenn die Pubs schließen, also ab Mitternacht etwa. Dann geht es bis zwei, drei oder sogar vier Uhr morgens rund. Es werden Eintrittspreise zwischen zwei und sechs Pfund erhoben, doch an schwachen Tagen wie etwa montags entfällt dies oft. Freitags und samstags strömt die Jugend des Umlands nach Dublin City, und man kann sich auf ausverkaufte Häuser und / oder lange Warteschlangen an den Eingängen gefaßt machen.

Unangenehm ist, daß man an fast allen Discos die prüfenden Blicke von zuweilen befrackten Türstehern über sich ergehen lassen muß. Nach welchen Kriterien einem dann möglicherweise der Eintritt verwehrt bleibt, wird man so genau nie erfahren – Diskussion übrigens nicht völlig zwecklos. Überraschenderweise liegt es nicht unbedingt am Outfit, wenn man leider draußen bleiben muß – die Dubliner sind in dieser Hinsicht eher gleichgültig (die Clubs der Leeson Street bilden da eine Ausnahme). Damen und Pärchen kommen fast immer rein, grölende Herrencliquen dagegen sind der Schrekken eines jeden Discobetreibers. Scheinbar strenge Türpolitik dient im übrigen als Mittel, um einen Laden interessant zu machen. Manchmal ist es auch einfach nur zu voll, und die Schlange der Wartenden wird angehalten, bis es sich drinnen ein wenig geleert hat. Nicht vordrängeln!

Die Nightclubs konzentrieren sich in Temple Bar, Harcourt Street sowie in erwähnter Leeson Street. Viele Hotels haben eigene Tanzschuppen, darüber hinaus gibt es Discos in den Vororten (nächtliches Transportproblem beachten, siehe Reisetips „Verkehr" und „Taxis"!). Nach attraktiven Neueröffnungen fragen.

Hier einige Adressen, aber wie gesagt, ohne Gewähr, daß es den einen oder anderen Laden auch morgen noch gibt (Stand Sommer 1995):

Annabel's. Burlington Hotel, Upper Leeson Street. In der Tiefgarage unterm Hotel. Mainstream-Musik, Yuppie-Publikum. Eine der dienstältesten Discos von Dublin.

Bad Bob's Backstage Bar. East Essex Street (im Bezirk Temple Bar). Gelungenes Konzept: Drei Etagen, große Bar und Bühne für oft gute Rock-, Jazz- und Cajun-Konzerte im Erdgeschoß, oben dann Disco, Restaurant und weitere Bars. Angenehme Publikumsmischung, Jugend-, aber kein Teenie-Schuppen. Sehr beliebt am Freitagabend (22.30 bis 2.00 Uhr).

Blue Note Club. Bedford Lane (in der Temple Bar). Jazz und Funk. Samstags „Da Phat Kat Club" (Mixtur aus Techno & Jazz).

Club M. Blooms Hotel, Anglesea Street (in Temple Bar). Etablierte Oldie-Disco.

Eamonn Doran's Pub. Crown Alley (im Bezirk Temple Bar). Halb Pub, halb Club: Im Keller die Disco mit Bühne, oben Bar, Restaurant und eine weitere, kleinere Bühne. Volles Programm: Rock, Traditional, Blues, Jazz, Folkrock, sogar spontane Sessions. Außerordentlich angesagt (bis 2 Uhr).

The Furnace. Aston Place / Ecke Aston Quay, im Haus des Studentenverbandes USI. Mit Live-Musik.

The Kitchen. Clarence Hotel, East Essex Street (Bezirk Temple Bar). Gehört der Band „U 2". Moderne, harte Rockmusik (Soul, Funk, Fusion, Reggae, Punk). Schwarze Klamotten dominieren. Lange Warteschlangen vor der Tür.

Lillie's Bordello. Grafton Street (unteres Ende). Strenge Türpolitik, sehr im Trend. Mainstream- und Technosound.

Pink Elephant. South Frederick Street. Schicker Laden für modisches Jungvolk. Bekannter Laden.

Olympia Theatre. Dame Street. Normalerweise ein Konzert- und Theatersaal, aber an Wochenenden wird hier ab Mitternacht gerockt. Freakig und jung.

P.O.D. Harcourt Street. Relativ neuer Club mit schönem Weinkeller. Musik der siebziger und achtziger Jahre. Kritische Türsteher. Bis 3 Uhr.

Suesey Street. 25a Lower Leeson Street. Nicht uninteressant, besonders nach drei Uhr morgens, wenn die Überlebenden aus den anderen Clubs hier notlanden. Erträglicher Mix an Gästen und Beschallung.

Die City

Dublins Innenstadt ist kompakt genug, um sie zu Fuß zu erschließen. Der Royal Canal im Norden und der Grand Canal im Süden umschließen die City. Die Innenstadt im engeren Sinn erstreckt sich jeweils eineinhalb Kilometer nördlich und südlich des Flusses Liffey, der die City dadurch in zwei übersichtliche Hälften teilt. Die „Southside" galt lange Jahre als der „bessere" Teil der Stadt, weil hier die Mehrzahl der wohlhabenden georgianischen Wohnhäuser liegt, hier die meisten Regierungsgebäude, Galerien und Museen plaziert sind und auch das Trinity College auf dem Südufer gebaut wurde. Die „Northside" war früher ein dichtbewohntes Arbeiter- und Gewerbegebiet, hat aber etwas aufgeholt. Immerhin befinden sich die „Four Courts", das „Custom House" und Dublins einziger Boulevard, die O' Connell Street, im Norden.

In der Bausubstanz der Innenstadt überwiegen Häuser aus dem 18. und 19. Jahrhundert. Modernere Gebäude stehen nur vereinzelt zwischen den Fassaden aus georgianischer, victorianischer oder edwardianischer Ära. Wolkenkratzer und Banktürme fehlen völlig in der City. Grund dafür ist, daß Dublin den Zweiten Weltkrieg, an dem Irland ja nicht teilgenommen hatte, unbeschädigt überstand und daß die ganze Städte umpflügenden Geldströme des modernen Finanzkapitals erst seit kurzer Zeit auch nach Irland fließen. Streng genommen gibt es bislang nur drei hochmoderne Komplexe in der Innenstadt: die Büros der Civic Offices, das Finanzzentrum neben dem alten Custom House und die Zentralbank an der Dame Street. Die Bautätigkeit ist jedoch erheblich; es bleibt abzuwarten, welcher Art und wie schnell die City ihr Gesicht verändern wird. Bei kleineren Neuprojekten versucht man immerhin, sich am Stil der benachbarten Altbauten zu orientieren.

Da es viel zu sehen und besichtigen gibt, sollte man nicht alles an einem Tag zu schaffen versuchen. Die im folgenden beschriebenen Spaziergänge können einen je nach Tempo drei bis vier Tage ausfüllen. Bringt man weniger Zeit mit, picke man sich die Rosinen heraus. Organisierte Führungen werden im Kapitel „Reisetips: Führungen / Touren" erwähnt.

Old Town

Hier am Südufer, zwischen **Dublin Castle** und der Christ Church Cathedral, 700 Meter westlich der heutigen Stadtmitte College Green, ließen sich 841 n. Chr. die Wikinger nieder. Sie bauten ihre Siedlung aus Holzhütten auf einem kleinen Hügel, an dessen westlichem Ende der Bach Poddle in den Liffey mündete und dabei einen als Anlegestelle geeigneten Teich bildete. Der norwegische Fürst Sitric ließ eine hölzerne Kirche an der Stelle errichten, wo später von 1172 bis 1220 auf Anordnung des normannischen Eroberers Strongbow die **Christ Church Cathedral** entstand. Sie gehört zu den ältesten Kirchenbauwerken der gesamten Britischen Inseln. Charakteristisch ist die gedrungene, mehr horizontale als vertikale Konstruktionsweise mit dem auf dem Mittelschiff ruhenden Turm.

Christ Church Cathedral

Der Originalbau brach allerdings im Jahre 1562 zusammen und mußte wiederaufgebaut werden, so daß romanische, gotische, englische und neuzeitliche Kathedral-Stile zusammenfließen. Die alte Strongbow-Grabstätte von 1171 im Längsschiff wurde 1562 mitzerstört. Was man heute an ihrer Stelle sieht, ist ein unbekanntes Rittergrab aus dem 15. Jahrhundert und dient als Nachbildung der ursprünglichen Strongbow-Ruhestätte.

1875 wurde das völlig heruntergekommene Gotteshaus mit den edlen Spenden einer Whiskeybrennerei renoviert. Die Kathedrale ist im Laufe der Geschichte so häufig ergänzt, umgebaut, wiederaufgebaut und renoviert worden, daß vom ursprünglichen Bau aus der Normannenzeit nur die Nordwand des Mittelschiffs und die unterirdische Krypta erhalten sind. Letztere bildet mit einem Wald von grob behauenen Steinsäulen das tragende Fundament der Kirche. Die 64 Meter lange Krypta enthält einige sehenswerte Fundstücke aus der 800jährigen Geschichte von Christ Church: Steinreliefs, Reste der Dubliner Stadtmauer, das Tabernakel, Königsstatuen und ähnliches mehr. Die Kathedrale befindet sich seit der Reformation im Besitz der protestantischen Church of Ireland.

Eine geschlossene Brücke aus dem letzten Jahrhundert verbindet Christ Church über die Winetavern Street hinweg mit dem ehemaligen Synodalgebäude. Hier war bis vor kurzem noch eine Diskothek (!) untergebracht, jetzt dient es als Ort für die sehenswerte Dauerausstellung Dublinia, die Fundstücke und Stadtmodelle ausstellt und mit einer modernen Multimedia-Präsentation über die Geschichte Dublins informiert. Geht man um das Grundstück in östlicher Richtung herum, kommt man zur Catholic Church of St. Audoen. In ihrem Schatten steht die kleinere und wesentlich interessantere **Church of Ireland St. Audoen's** (1192), deren normannischer Turm und Portal noch aus dem 12. Jahrhundert stammen. Gehen Sie um die Kirche herum zum Fluß, dann stoßen Sie auf das einzig gut erhaltene Stück von Dublins Stadtmauer. Es besitzt noch ein niedriges Tor, das St. Audoen's Arch, durch das man zur Cook Street gelangt.

Auf dem Gelände zwischen der Christ Church Cathedral und dem 200 Meter nördlich gelegenen Liffey fand man Anfang der achtziger Jahre gut erhaltene Reste der alten **Wikingersiedlung** „Dubh Linn" – Häuser, Werkzeuge, sogar Schiffe. Statt die Fundstelle zu konservieren, zog man erbarmungslos das hochmoderne Stadtverwaltungsgebäude der Dublin Civic Corporation hoch. Einige der Artefakte sind heute in „Dublinia" ausgestellt, vieles gilt jedoch als verschwunden und zerstört. Archäologen hegen den Verdacht, daß der Großteil der Wikingersiedlung noch tief unter den Betonfundamenten der Civic Offices ruht.

Der alte, ummauerte Stadtkern umfaßte das Gebiet rund um Christ Church bis zum **Dublin Castle**. Im normannischen Hochmittelalter, eine Blütezeit der Frömmigkeit, gab es in und um Dublin neben den beiden Domkathedralen Christ Church und St. Patrick's (siehe „Liberties", unten) an die 50 Kirchen, Kapellen, Abteien und Ordenshäuser. Die heutige Achse Dame Street / High Street bildete die Hauptstraße der mittelalterlichen Stadt. An der zum Fluß führenden Bridge Street liegt kurz vor dem Uferkai linker Hand

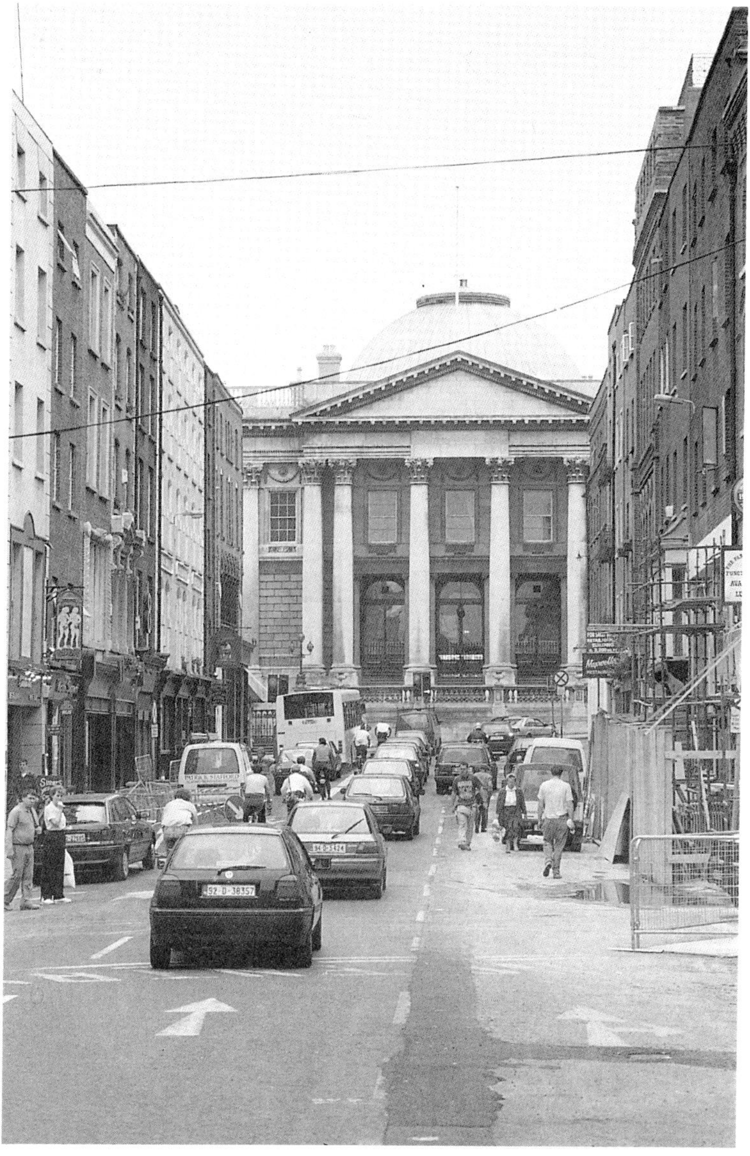

City Hall

das „Brazen Head", Dublins älteste Kneipe (siehe Kapitel „Pubs and Dubs").

Auf der Südseite der verkehrslastigen High Street, gegenüber der St. Audoen's Kirche, befindet sich die Tailor's Hall, Dublins einziges noch erhaltenes Gildenhaus, erbaut 1706. Eigentlich sollte es im Zuge der Straßenerweiterung abgerissen werden, doch das konnte verhindert werden. Jetzt befinden sich die Büros der irischen Denkmalschutzbehörden im Haus. An der Ecke zur nahegelegenen Francis Street findet freitags bis sonntags der **Mother Redcap's Market** statt. Liebhaber von antikem Trödel könnten hier auf ihre Kosten kommen.

Richtung Osten, wieder vorbei an der Christ Church Cathedral, kommt man zum Cork Hill. Rechter Hand thront die graue Säulenfront der 1769 erbauten **City Hall**. Das seinerzeit als Börse konzipierte Rathaus beherbergt einen Urkundensaal, in dem man schriftliche Dokumente und Chartas aus acht Jahrhunderten bestaunen kann. Die kleine Seitenstraße an der Westseite führt zum "**Dublin Castle**, englisches Machtzentrum von 1204 bis 1921. Von der ursprünglich viertürmigen Normannenburg ist nur noch der südöstliche Turm, der Record Tower, übriggeblieben. Was im Laufe der Jahrhunderte die alten Wehranlagen ersetzt hat, erinnert nun eher an ein Residenzschloß aus der Rokoko-Zeit als an die finstere Zwingburg, die es früher mal war. Durch ein Tor betritt man den gepflasterten Innenhof. Besichtigenswert sind die in victorianischer Zeit eingerichteten State Apartments. Noch heute nutzt die Irische Regierung diese brokatgetäfelten Luxusräume, um Staatsgäste unterzubringen. Die Führung bringt Sie im Schloß noch zum wappengeschmückten Rittersaal St. Patrick's Hall, in die Gewölbe des alten Bermingham Tower (im Verließ saß 1586 der verhaftete Rebellenführer Red Hugh O' Donnell) und schließlich in den Throne Room. Hier thronten die englischen Monarchen während ihrer Aufenthalte in Dublin. Es lohnt sich auch, einen Spaziergang rund um das Schloß zu machen, um die baulichen Veränderungen aus mehreren Jahrhunderten zu vergleichen.

In den Liberties

Dieser dichte Stadtteil liegt zwischen Guinness-Brauerei und **St. Patrick's Cathedral**. Wenn man von Christ Church in die St. Nicolas Street südlich einbiegt, erreicht man nach nur 300 Metern diese zweite, wichtige Kathedrale Dublins: die protestantische St. Patrick's. Die Kirche wurde ab 1191 im Auftrag von Erzbischof John Comyn außerhalb der Stadtmauern errichtet. Bis zur Reformation und Enteignung durch König Heinrich VIII. besaß sie auch eine Universität. St. Patrick ist Irlands größte Kathedrale und liegt inmitten eines weitläufigen Parks. Der Turm ist 43 Meter hoch; der von vier Erkern umrahmte Dachstuhl aus dem Jahr 1749 mißt weitere 32 Meter.

Das Ursprungsgebäude fiel einem Feuer zum Opfer und wurde ab 1370 wiederaufgebaut. Bei den Renovierungen der Neuzeit floß Spendengeld der Guinness-Brauerei. St. Patrick wirkt klarer, schlanker und auf den ersten Blick nüchterner als die Schwesterkathedrale Christ Church. Im Inneren findet man eine Gedenktafel für die 50.000 Iren, die im Ersten Weltkrieg für Großbritannien gefallen sind. Weitere Monumente sind die vielen Grabmäler innerhalb der Kathedrale, darunter die der Grafen von Cork, des Harfenisten und Barden Turlough O' Carolan (siehe Kapitel „Traditionelle Musik") und des berühmten Dekans von St. Patrick, Jonathan Swift, der 1713 aus London in seine Heimatstadt zurückgekehrt war und das Dekanat der Kathedrale bis zu seinem Tod 1745 leitete. Der große Schriftsteller („Gullivers Reisen"), selbst ein anglo-irischer Sohn der gesellschaftlich tonangebenden Schicht, war fest davon überzeugt, daß England schuld sei am Elend Irlands (siehe Kapitel „Barden und Poeten"). Swift und seine Frau Stella liegen rechts vom Eingang begraben.

Der gelernte Landpfarrer Swift hatte sich in seinen Londoner Jahren von 1704 bis 1713 als scharfzüngiger Journalist profiliert. Seine Artikel führten 1713 zum Sturz des Herzogs von Marlborough, Kommandeur aller englischen Truppen im Spanischen Erbfolgekrieg. Die von politischen Feinden erzwungene Rückkehr in seine Geburtsstadt Dublin empfand Swift als Verbannung, den Posten des Dekans als Degradierung. Doch das Elend in den Quartieren der Liberties rund um St. Patrick machte ihn zu einem Kämpfer wider das soziale Unrecht. Seine „Briefe eines Schneiders" deckten im Mantel der Satire auf, daß England eine eigene, wertlose Münze für Irland herauszugeben plante. Swift ermahnte seine Landsleute, die Scheinwährung nicht als Zahlungsmittel anzunehmen; London zog daraufhin die Prägung aus dem Verkehr.

Südlich der Kathedrale, in der Straße St. Patrick's Close, befindet sich die **Marsh's Library**, Irlands älteste Bibliothek, 1702 gegründet von Erzbischof Narcissus Marsh. Bücher waren damals so kostbar, daß man sie sichern mußte: In der Marsh's Library sind immer noch drei Käfige zu sehen, in denen sich die Leser vorübergehend einsperren lassen mußten. Heute muß man diese Prozedur nicht mehr über sich ergehen lassen, kann aber immer noch 25.000 uralte Bücher besichtigen. In der benachbarten Kevin Street liegt die Dekanei St. Patrick, in der Jonathan Swift gelebt hatte.

Westlich und südwestlich der Kathedrale beginnt das Straßen- und Gassengewirr der eigentlichen Liberties. Das Gebiet erhielt seinen Namen, weil es im Mittelalter außerhalb der Gerichtsbarkeit der Stadt Dublin lag. Es war zunächst ein bevorzugtes Quartier der Tuchhändler und Weber. Später aber, im Schutz der Kathedrale, hausten hier die Ärmsten unter den Dublinern. Die Liberties litten bis ins beginnende 20. Jahrhundert an ihrem Ruf als Slum und Seuchenherd. Heute ist das alte Arbeiterviertel weitgehend saniert. Gutverdienende junge Leute beziehen schmuck modernisierte Altbauten oder neue Appartmenthäuser und bringen so frisches Leben in die einst heruntergekommene Gegend.

Hauptader des Viertels ist die Geschäfts- und Durchgangsstraße The Coombe (Verlängerung der Dean Street). Rechts ab geht davon die interessantere Francis Street, in der sich viele Antiquitätenhändler niedergelassen haben. Zum oberen Ende der Francis Street hin sieht man rechts die im victorianischen Stil konstruierte Markthalle Iveagh Markets. Links dann in die Thomas Street abbiegend und an der Augustinerkirche John's Lane vorbei (auf ihren Stufen wurde 1803 der Revolutionär Robert Emmett öffentlich gehängt) erreicht man rechter Hand das National

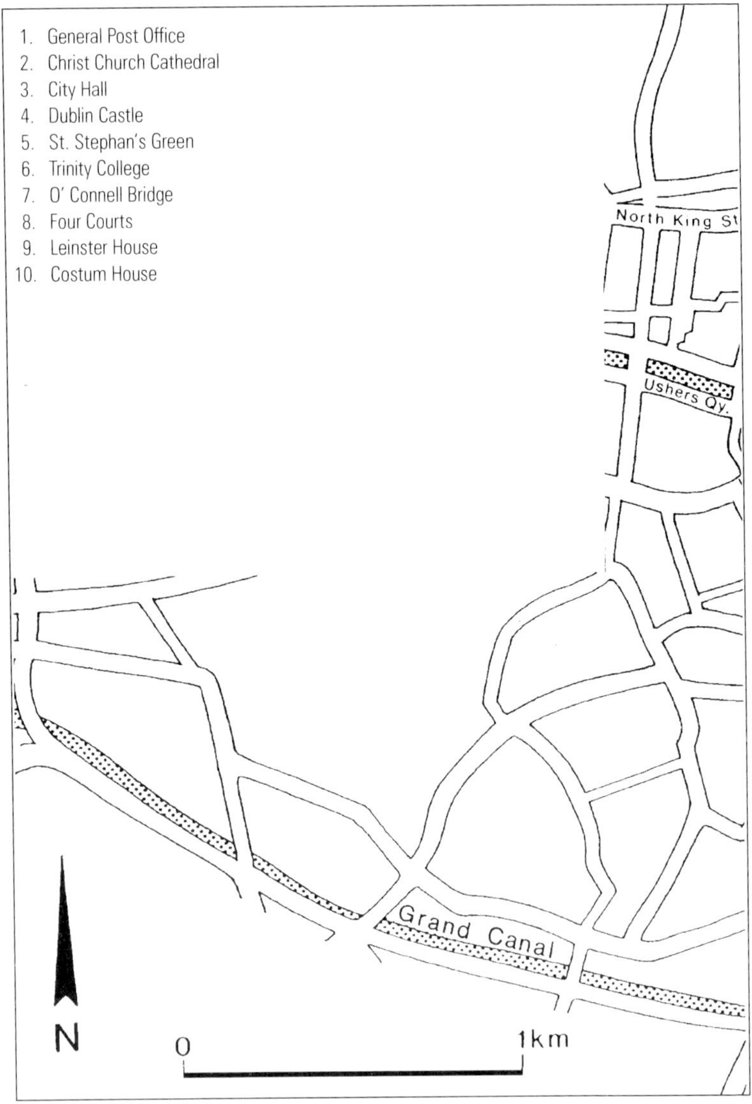
1. General Post Office
2. Christ Church Cathedral
3. City Hall
4. Dublin Castle
5. St. Stephan's Green
6. Trinity College
7. O' Connell Bridge
8. Four Courts
9. Leinster House
10. Costum House
North King St
Ushers Qy.
Grand Canal
N
0
1km

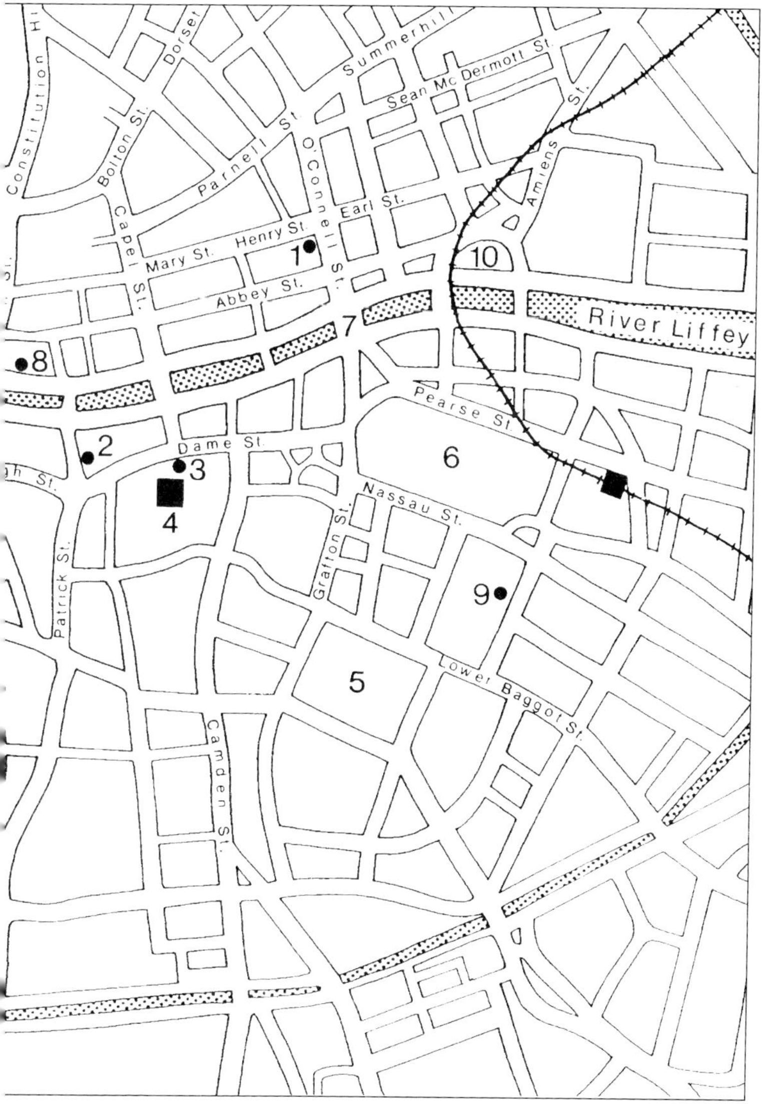
Constitution Hill
Dorset St.
Bolton St.
Summerhill
Sean Mc Dermott St.
Parnell St.
O'Connell St.
Amiens St.
Capel St.
Earl St.
Henry St.
Mary St.
Abbey St.
10
1
7
River Liffey
8
Pearse St.
2
Dame St.
3
6
4
Nassau St.
Patrick St.
Grafton St.
9
5
Lower Baggot St.
Camden St.

College of Art and Design. Früher brannte hier die Destillerie John Power's ihren Whiskey. Weiter westlich führt die Thomas Street schließlich zum Gelände der St. James's Gate & Guinness Brewery. In der nach links abgehenden Crane Street empfiehlt sich ein Besuch des Guinness Hop Store, wo man ein Brauereimuseum mit angeschlossenem Souvenirladen sowie eine Bar findet – die Dubliner sagen, Guinness sei transportempfindlich und schmecke daher um so besser, je mehr man sich dem Herstellungsort nähere. Nun, diese Schänke liegt in der Brauerei...

Wenn die Füße jetzt noch tragen, kann man eigentlich gleich die Hauptstraße weiter nach Westen wandern, wo nach einem halben Kilometer Kilmainham beginnt (siehe „Vororte").

Temple Bar District

Groß ist die Gefahr, das Gassengewirr von **Temple Bar** zu übersehen. Denn der 500 mal 150 Meter große Distrikt liegt gut versteckt zwischen der altehrwürdigen Dame Street und den Quaystraßen am River Liffey. Trotzdem ist diese Gegend zur Zeit Dublins größter Stolz. Es gibt Stimmen, die Temple Bar euphorisch mit dem Quartier Latin in Paris oder mit dem Künstlerviertel Greenwich Village in New York vergleichen. Vielleicht etwas zu hoch gehängt, auf alle Fälle ist die Wiederauferstehung dieses bereits totgesagten Altstadtbereichs ein Phänomen.

Seinen Namen erhielt das Viertel von Sir William Temple, seine Zeichens Privatsekretär beim Earl of Essex sowie Leiter des Trinity College im Jahre 1609. Am östlichen Rand der damaligen Stadt besaß er ein Haus. Der am Fluß entlangführende Pfad zum College wurde daher nach seiner Familie benannt. Im 18. Jahrhundert entstanden hier Anlegestellen für Schiffe sowie Straßen, Lagerhäuser, Werkstätten und Kontore. Die Segler aus Übersee fuhren von der Mündung den Liffey bis hier hinauf. Das alte Zollamt lag am Essex Quay, ungefähr dort, wo sich heute das Hotel Clarence befindet. Im 19. Jahrhundert verlagerte sich der Hafenbetrieb seewärts, weil die neuen Liffey-Brücken den Schiffen die Fahrt flußaufwärts versperrten. Die Kaianlagen verwaisten, statt dessen zogen Wollhandel und Tuchindustrie in die Temple Bar, bis sich auch diese Branchen im 20. Jahrhundert den „Terms of Trade" beugen mußten.

Ab 1950 verfiel Temple Bar zu einem heruntergekommenen Bezirk, in den niemand mehr Geld stecken mochte. Die staatliche Transportgesellschaft C.I.E. beschloß 1970, das gesamte Areal sukzessive zu kaufen, abzureißen und an seiner Stelle ein nationales Busdepot von 2,8 Hektar Größe zu errichten. Nebenan, zwischen Temple Bar und Christ Church Cathedral, wurden bereits die monströsen Civic Offices der Dublin Corporation hochgezogen, ohne Rücksicht auf die dabei entdeckten Reste der alten **Wikingersiedlung**. Jedem Dubliner wurde messerscharf klar, wie es bald am ganzen Südufer des Liffey aussehen würde.

Da die C.I.E. nicht alle Grundstücke gleichzeitig aufkaufen konnte, wurden die bereits erworbenen zwei- bis dreigeschossigen Häuser zunächst weiterverpachtet, allerdings nur mit extrem kurzfristigen Mietverträgen, um den geplanten Abriß nicht zu gefährden. Unter diesen Umständen wollte natürlich niemand hier seriös investieren. Es waren daher vor allem kapitalschwache Kleinunternehmer aus dem Alternativ- und Hippiemilieu, die sich breitmachten: Musik-Shops, Kneipenbetreiber, Müsli-Restaurants, Künstlergruppen und improvisierte Buden aller Art. In den feuchten Kellern probten Bands; in den Etagen darüber versuchten sich junge Dubliner als Pizzaköche und Esoterik-Buchhändler. So entstand eine quicklebendige Szene in der eigentlich schon aufgegebenen Temple Bar und wollte nicht mehr weichen. Mit wenig Geld und viel Eigeninitiative wurden alte Fassaden freigelegt, Bausubstanz renoviert und auf zum Teil abenteuerliche Weise an allen Bebauungsplänen vorbei gerettet (es wird berichtet, daß sich städtische Elektromeister bei der Besichtigung der halblegalen Baustellen mehrfach bekreuzigt hätten). 1985 verbündeten sich alte und neue Anlieger mit konservativen Denkmalschützern, um Druck auf die Stadtverwaltung auszuüben. Der Einfluß dieser Lobby reichte bald bis ins irische Parlament.

Dublin rieb sich verwundert die Augen über das städtebauliche Kleinod, das die Punks und Freaks da ausgegraben hatten. Um der Stadt Hausbesetzerschlachten à la London oder Berlin zu ersparen, wurde der gigantische Betonplan in Sachen Busdepot in aller Stille begraben. Statt dessen schrieb man einen Sanierungswettbewerb aus. Die aus acht jungen Architektenbüros zusammengeschlossene „Gruppe 91" machte das Rennen mit ihrem detaillierten Vorschlag, Substanz zu wahren, wo es möglich ist, unvermeidliche Neubauten aber dem Stil des Bestehenden behutsam nachzuempfinden. Erhalt ging vor Abriß, der Charakter des Viertels sollte weitestgehend erhalten bleiben. Ab 1990 floß frisches Geld in die vielen, kleinen Projekte. Die Straßen erhielten neues Pflaster und Laternen im Stil des 19. Jahrhunderts. Teile des Bezirkes wurden zur Fußgängerzone umgewandelt.

Heute ist die Temple Bar das neueste Aushängeschild Dublins und eine wahre Touristenattraktion. Zu den alternativen Läden sind kommerzielle Unternehmungen und kulturell ambitionierte Projekte dazugekommen: Cafés und Restaurants aller Preisklassen, alte Pubs, neue Diskos, Kunstgalerien, Fotostudios, Second-Hand-Läden, Designerbüros, Computershops, alternative Schneider und Friseure, das Irische Filmzentrum, diverse Anwohner-Zentren, zwei Theater, Boutiquen, Plattengeschäfte, Straßenmusikanten, Krims und Kram – das Viertel ist Tag und Nacht gefüllt, und manchem Bewohner der Temple Bar wird mittlerweile angst und bang, ob ihm das rege Treiben nicht zuviel des Guten werden könnte.

Ein Gang durch Temple Bar: Von der verkehrsumtosten Westmoreland Street (südlich der O' Connell Bridge) biegt man westwärts in die Fleet Street ein, die zusammen mit ihren Verlängerungen Temple Bar Street und Essex Street die Haupttangente des Viertels bildet. Rechts sieht man die traditionsreiche Palace Bar (seit 1848). Die Kneipe steht jetzt unter Denkmalschutz – darauf ein Guinness! 100 Meter weiter beginnt die Essex Street East. Links geht dann die Anglesea Street ab, wo sich seit 1878 die irische Aktienbörse befindet. Am oberen Ende steht, völlig fehl an diesem Platz, der nüchterne Zweckbau der irischen Zentralbank. Da der auf einer Betonsäule ruhende Glaskasten neun Meter höher geriet als im Bauplan ausgewiesen, mußte auf das Dach verzichtetwerden.

Läßt man die Zentralbank links liegen und biegt dann rechts ab, kommt man in die Crown Alley, die flußwärts herunterführt. Hier wird viel Stöberware verkauft. Man überkreuzt die belebte Temple Bar und gelangt durch die bogenförmige Häuserzeilenunterführung Merchant's Arch an den Crampton Quay. Am Liffey führt die gußeiserne, geschwungene Fußgängerbrücke Ha' Penny Bridge aus dem Jahr 1816 über den Fluß. Ihren Namen erhielt sie, weil man bis 1918 zum Überqueren an dieser Stelle einen Brückenzoll in Höhe eines halben Pennys entrichten mußte.

Wieder zurück in der Temple Bar, die nun in die Essex Street East übergeht: Links biegt die Eustace Street ab, in der sich in einem ehemaligen Gemeindehaus der Quäker (erbaut 1692) das **Irish Film Centre** befindet (siehe Kapitel „Filmstudio Dublin"). Das Gebäude ist jüngst durch einen postmodernen Anbau vergrößert worden. Im alten Haus befand sich einst eine Taverne, in der 1791 der revolutionäre Geheimbund der „United Irishmen" gegründet wurde. In der gleichen Straße liegt das Temple Bar Information Centre, in dem man sich über Einzelheiten des gesamten Sanierungskonzeptes informieren und auch ein Modell der Temple Bar bewundern kann (geöffnet Mo. bis Sa. von 11 bis 19 Uhr). Im Innenhof des Häuserblocks gegenüber (zwischen Eustace und Sycamore Street) entsteht zur Zeit in Backstein der Meeting House Square. Im selben Gebäude ist ein Nationales Photoinstitut geplant. Oben, an der Ecke Sycamore Street / Dame Street, steht das altehrwürdige Olympia Theatre, in dem auch Konzert- und Tanzveranstaltungen stattfinden. Zurück auf der East Essex Street / Ecke Eustace Street trifft man auf die immer gut gefüllte Künstlerkneipe The Norseman.

Einen Block weiter, vorbei am beliebten Nachtclub Bad Bob's Backstage Bar, beherbergt ein Neubau an der Essex Street East Nr. 39 das Project Arts Centre, wo Ausstellungen und experimentelle Theaterworkshops untergebracht sind. Auf der anderen Straßenseite liegen das alte Clarence Hotel (Eingang Wellington Quay) und die im Besitz der Band U 2 befindliche Diskothek The Kitchen.

Schließlich trifft man auf die Kreuzung mit der Parliament Street, wo sich in der Hausnummer 4 das älteste noch geöffnete Geschäft Dublins befindet: Der Messerhändler Thomas Read and Co. verkaufte schon 1670 Chirurgenbestecke. An der Inneneinrichtung des Ladens hat sich nicht viel verändert. Links oben kann man die Fassade der City Hall sehen, rechts geht es zum Liffey runter, wo am anderen Ufer die grüne Kupferkuppel der **Four Courts** über dem Fluß thront. An dieser Stelle sollte man entweder die Flußseite zur Northside wechseln, oder am Südufer des Liffey entlang den Essex Quay Richtung Innenstadt zurückgehen und dabei die barocken und fast schon venezianisch anmutenden Fassaden einiger flußwärts gelegenen Häuser bewundern, dabei aber keine Seitengasse auslassen.

College Green

Der Platz College Green ist der eigentliche Mittelpunkt des heutigen Dublins. In der georgianischen Glanzepoche des 18. Jahrhunderts hatte sich das Zentrum von der Old Town hierhin und

Campanile im Innenhof des Trinity College

weiter nach Südwesten verlagert. Von **Dublin Castle** bis College Green braucht man zu Fuß nur fünf Minuten an der geschäftigen Dame Street entlang. Hier und an der südwärts abbiegenden South Great George's Street befinden sich Banken, Reisebüros, Varietés und Kinos. Interessanter sind die versteckten Nebenstraßen und Gassen an der Südseite der Dame Street: Hier liegen viele gute Restaurants, einige der besten und traditionsreichsten Pubs sowie originelle Geschäfte für Waren des täglichen Bedarfs. Nördlich der Dame Street verbirgt sich der Bezirk Temple Bar (siehe vorheriges Kapitel).

Beherrschendes Gebäude am College Green ist die Bank of Ireland, deren spätklassizistische Säulenfront einen eleganten Bogen zur Westmoreland Street hin beschreibt. 1729 war der Bau begonnen worden und diente dem anglo-irischen Adel bis zum Act of Union im Jahr 1800 als Parlament. Führungen zeigen im Inneren des Gebäudes, gleich hinter der modernen Schalterhalle, das unverändert gebliebene und überraschend kleine House of Lords. Zwei schwere Wandteppiche zeigen Motive aus der Schlacht am Boyne 1690, als die Protestanten König Wilhelms von Oranien über das katholische Heer von König Jacob (James) II. siegten.

Nachdem die Abgeordneten 1800 nach London umgesiedelt waren, wurde das Haus an die Bank of Ireland verkauft mit der Auflage, nie wieder eine öffentliche Versammlung hier abzuhalten. Aus dieser skurrilen Vereinbarung erklärt sich wohl auch die Tatsache, daß alle Fenster der Bank vermauert sind – abweisender kann ein Gebäude nicht aussehen. Links von der Bank endet eine kleine Sackgasse namens Foster Place am Bank of Ireland Arts Centre, wo gesponserte Konzerte und Ausstellungen stattfinden.

Beim Überqueren von College Green achte man tunlichst auf den mehrspurigen Linksverkehr, der hier aus drei Richtungen kommend um die Kurve donnert. Auf dem Mittelstreifen stehen die Denkmäler von Henry Grattan, Parlamentspräsident von 1782 bis 1800, und Thomas Davis. Schräg gegenüber des ehemaligen Parlaments füllt die prächtige Westfassade des **Trinity College** das Blickfeld. Dies ist die älteste Universität Dublins (1592 gegründet) und war lange Zeit die einzige Irlands. Die meisten der heutigen Gebäude stammen aus dem 18. Jahrhundert. Vor dem Eingangstor wachen zwei Bronzestatuen: links der Staatsmann Edmund Burke, rechts der Dichter Oliver Goldsmith. Im gepflasterten Innenhof des mit 16 Hektar großzügig angelegten College sieht man rechts die Examination Hall und gegenüber davon links die multikonfessionelle Kapelle der Universität – es soll dem Vernehmen nach ein lebhaftes Pendeln zwischen den beiden Gebäuden herrschen. Genau in der Mitte steht der kleine Glockenturm Campanile.

Vor der Unabhängigkeit Irlands war Trinity nach Oxford und Cambridge die Nummer Drei unter den britischen Universitäten. Trinitys Einfluß auf die Entstehung des modernen irischen Nationalbewußtseins kann gar nicht überschätzt werden: Von Königin Elisabeth I. als geistiges Zentrum des Protestantismus in Irland gegründet, ermöglichte Trinity den Sprößlingen der anglo-irischen Oberschicht eine höhere Bildung, ohne den beschwerlichen und teuren Weg nach England antreten zu müssen. Doch die Absolventen entwikkelten, da sie an diesem College in Irland und damit unter sich blieben, eine eigene Identität, die weder rein englisch noch rein irisch war. Die meisten Literaten und Revolutionäre Irlands haben in Trinity studiert – aus der reformatorischen Trutzburg gegen katholisches Keltentum wurde eine Keimzelle irischer Eigenständigkeit.

Noch bis zu Beginn des 20. Jahrhunderts blieb Trinity ausschließlich protestantischen Studenten vorbehalten. Umgekehrt erlaubte die katholische Kirche erst 1970 ihren Mitgliedern, hier zu studieren. Heute ist Trinity eine von den drei großen Universitäten Dublins (die anderen, die relativ neue „Dublin City University" und die „University College Dublin" (UCD) befinden sich in den Vororten Glasnevin bzw. Belfield).

Im Inneren des Trinity College wechseln sich barocke Wandelgänge mit klassizistischen Hallen und Treppenfluren ab. Studenten der Informatik und Elektrotechnik wandeln zwischen jahrhundertealten Säulen und Torbögen. Das Kleinod von Trinity ist die domartige Bibliothek **Old Library**, die im Inneren mit Ballustraden aus handgeschnitztem Teakholz umfaßt wird. Sie beherbergt Irlands größte Sammlung von Büchern, Manuskripten und Dokumenten, darunter auch das berühmte Book of Kells, das in der Long Hall der Old Library ausgestellt ist – jeden Tag werden zwei andere Seiten des Manuskriptes der Öffentlichkeit gezeigt. Das Book of Kells ist ein handkoloriertes und mit phantasievollen Zeichnungen versehenes Evangelium, das Mönche des Klosters Kells im 9. Jahrhundert geschrieben hatten. Ebenfalls ausgestellt sind das Book of Durrow aus dem 7., das Book of Dimma aus dem 8. sowie das Book of Armagh aus dem 9. Jahrhundert. Diese vier Exponate stellen hervorragend erhaltene und behutsam restaurierte Zeugnisse der frühirischen Mönchskirche dar.

Hinter der Old Library, an den Sportplätzen des Campus, beginnt der neuzeitliche Teil von Trinity. Hier sind vor allem Gesellschafts- und Geisteswissenschaften untergebracht.

Tagsüber ist der Campus von der lärmenden Betriebsamkeit der Studenten (und Touristen) erfüllt. Um sich die Atmosphäre vergangener Collegezeiten zu vergegenwärtigen, sollte man im Morgengrauen zwischen den granitfarbenen Gebäuden wandeln, einen langen Blick auf die ehemaligen Wohnhäuser der Studenten werfen, sich vorstellend, wie sich die hochwohlgeborenen Kommilitonen vielleicht mit 'Master' anredeten und in steifen Kostümen über die weiten Rasenflächen ihrem Rigorosum in der 'Exam Hall' zueilten. . .

Zurück auf dem College Green führt die Hauptverkehrsader Westmoreland Street als fünfspurige Einbahnstraße zum River Liffey und damit zur Northside. Statt dessen wende man sich südwärts und gehe an dem Denkmal der durch den gleichnamigen Song unsterblich gewordenen Markthändlerin Molly Malone vorbei in die Fußgängerzone **Grafton Street** hinein, Dublins ultimative Einkaufsstraße. Hier liegen die großen Kaufhäuser, die erlesensten Boutiquen und viele der ältesten Einzelhandelsgeschäfte der Stadt, darunter auffällig viele Schmuck- und Goldschmiedeläden. Links von der Grafton Street, auf halber Höhe, führt die Lemon Street in die brandneue Nobelpassage **Hibernian Way**, ein Wallfahrtsort für Designermarken-Süchtels. In den

St. Stephen's Green

Straßen rundherum gibt es inzwischen verdächtig viele Baustellen.

Die von der Grafton Street westlich abzweigende und etwas beschaulichere **Wicklow Street** mit ihren interessanten Kontorshäusern aus rötlichem Backstein hat Handwerksläden, Alternativ-Shops, Schuhgeschäfte sowie nette Straßencafés und Frühstücksrestaurants zu bieten. An ihrem Ende rund um die Kreuzung **St. Andrew Street** trifft man auf ein Viertel mit Restaurants und Pubs von edlem Ambiente.

Die Königin der Grafton Street ist nach wie vor das aufgrund seiner exotischen Fassade unübersehbare **Bewley's** Oriental Café an der Hausnummer 78 /79, geradezu ein Wahrzeichen der Dubliner Gastronomie. Auf mehreren Etagen verteilen sich gemütliche Selbstbedienungscafés, Schnellrestaurants von erstaunlicher Qualität und ein kleines Kaffeemuseum im obersten Stockwerk. Die Kette existiert seit 1840 mit mittlerweile mehreren Häusern in Dublin, doch die 1927 in der Grafton Street eröffnete Filiale ist das Haupthaus. Bewley's ist freitags und samstags sogar die ganze Nacht über geöffnet, ab Mitternacht sehr beliebt bei Pubbesuchern, die noch nicht nach Hause gehen wollen.

Südöstliche City – „Georgian Dublin"

Am oberen Ende trifft die Grafton Street auf den Park **St. Stephen's Green**, die 300 mal 200 Meter große, grüne Lunge von Dublins Innenstadt. Rechter Hand liegt das Kaufhaus St. Stephen's Green Center, ein pompöser Neubau mit nostalgischer Schmiedeeisen-Fassade à la Jugendstil. Schräg gegenüber kann man den mit spitzen Eisen umzäunten Park durch einen kleinen Triumphbogen namens Fusilier's Arch betreten, der anläßlich des britischen Sieges im Burenkrieg 1902 errichtet worden war. Ententeiche, Rasenflächen, Rosenbeete, Parkbänke und leicht labyrinthische Spazierwege durch gestutzte Heckenlandschaften erinnern an englische Gärtnerkunst des 19. Jahrhunderts. Im Sommer finden Freiluftkonzerte und Theateraufführungen statt. Kein geringerer als Sir Arthur Guinness, mittlerweile geadelter Brauereibesitzer, hatte St. Stephen's Green ab 1877 gestalten lassen. Wenn die Sonne mal wärmt, aalt sich zur Mittagspause halb Dublin im Park. Verschiedene Plastiken sind berühmten Iren gewidmet: Wolf Tone, James Joyce, Henry Moore, Tom Kettle. An der Nordostecke des Parks liegt das exklusive Shelbourne Hotel, erkennbar an den nubischen Skulpturen am Eingang. Im Constitution Room des Hotels wurde 1922 die Verfassung des Freistaates Irland formuliert. Gleichermaßen gemütlich wie exklusiv sind die Tearooms des Hotels.

Die Gegend rund um St. Stephen's Green beheimatet trotz einiger Abrisse in den sechziger Jahren immer noch ganze Straßenzüge mit Wohnhäusern im georgianischen Stil. Hinter so mancher Hausnummer verbergen sich berühmte Adressen: In der Harcourt Street 16 residierte Dracula-Autor Bram Stoker, und in Nr. 61 wohnte eine Zeit lang George Bernhard Shaw. In Nr. 40 ging Shaw zur Schule, geboren wurde er zwei Blocks westlich in der Parallelstraße Synge Street Nr. 33, wo sich jetzt das Shaw Museum befindet. Am Ely Place, ein Block östlich des Parks, wohnten Schriftsteller George Moore

Government Building

(Nr. 4) und Joyce-Kumpan Oliver St. John Gogarty (Nr. 25). Im letztgenannten Haus befindet sich heute die Galerie der Royal Hibernian Academy.

Das **Iveagh House** steht am Südrand von St. Stephen's Green (Nr. 80). Hier und nebenan in Nr. 81 residiert das Auswärtige Amt der Republik Irland. Wenige Häuser weiter, im **Newman House**, Nr. 85 und 86 des St. Stephen's Green South, wurde 1853 das University College of Dublin gegründet. Es war damals die erste katholische Hochschule Irlands seit der Reformation im 16. Jahrhundert. Zu den berühmtesten Absolventen gehörte James Joyce.

Nahe der Nordseite des Parks liegt in der Dawson Street rechts das **Mansion House**. Seit 1715 ist es Sitz von Bürgermeister und Stadtrat von Dublin. Als sich die irischen Abgeordneten 1918 weigerten, nach London zu reisen, traten sie hier zur konstitutionellen Sitzung des Dáil Eireann zusammen. Wenn Sie jetzt hinter der benachbarten St. Anne's Church durch die Molesworth Street bis zur Kildare Street gehen, sehen Sie dort rechts die graugrünen Mauern des palastähnlichen **Leinster House**, des irischen Parlaments. Erbaut wurde es 1745 als prächtige Stadtvilla für den Grafen von Kildare. Noch während der Bauzeit erhielt der Adelige den Titel „Herzog von Leinster" – logisch, daß seine Lordschaft die Beförderung auch gleich auf den Namen seiner Gemächer übertrug. Spätestens mit diesem Prunkbau kam es bei der gesellschaftlichen Oberschicht in Mode, sich auf der „Southside" des Liffey niederzulassen – möglichst in der Gegend um St. Stephen's Green. Von 1815 bis 1922 residierte die Royal Dublin Society im Leinster House. Das Parlament des Freistaates entschied sich dann 1922 für diesen Bau als seinen Sitz, weil man glaubte, ihn im Bürgerkriegsfall besser verteidigen zu können als das alte Parlament am College Green.

Der großzügige Vorplatz des Leinster House wird symmetrisch flankiert von der **National Library** zur linken (man beachte das schmiedeeiserne Eingangstor) und vom **National Museum** zur rechten. Beide Gebäude entstanden in der zweiten Hälfte des 19. Jahrhunderts. Die Nationalbibliothek ist im Inneren seitdem unverändert behaglich geblieben: Holztäfelung, Lesepulte, grüne Hängelampen. Das Haus besitzt eine Million Bücher, wertvolle Manuskripte, historische Handschriften und alte Landkarten. Die Angestellten stehen gern zur Verfügung, wenn man etwas bestimmtes sucht oder sich generell informieren möchte. Regelrechte Führungen finden aber nicht statt. Etwas eingeklemmt zwischen Nationalbibliothek und Leinster House versteckt sich das Dubliner College of Art.

Das Nationalmuseum gegenüber stellt in drei Abteilungen Naturgeschichte, Handwerksgeschichte und Nationalgeschichte aus. Fundstücke aus sieben Jahrtausenden irischer Historie sind der Stolz der „Treasury Gallery". An die 100 Instrumente aus verschiedenen Epochen füllen den benachbarten Musiksaal.

Auf der anderen Seite dieses „Regierungsblocks", an der Merrion Street West, liegt links der kleine, 1762 ins Leben gerufene Waldpark **Merrion Square**, um den herum sich fast komplett erhaltene Häuserzeilen aus georgianischer Ära ziehen. „Prominenz" auch hier: In Nr. 1 lebten die Eltern von

Oscar Wilde; Daniel O' Connell, Dublins erster katholischer Bürgermeister, logierte in Nr. 58; Schriftsteller William Butler Yeats bewohnte nacheinander die Häuser 52 und 82.

Heute sind solche Häuser in jeweils mehrere Mietwohnungen oder Eigentumsappartments unterteilt. Doch damals war es durchaus üblich, daß die Besitzerfamilie ein ganzes Haus für sich allein in Anspruch nahm: Unten befanden sich Wirtschaftsräume und die nicht gerade knapp bemessene Empfangshalle, in der Mitte die Salons mit sündhaft teuren Stuckdecken und im Obergeschoß die Schlafzimmer, gegebenenfalls auch für Untermieter. Im Hinterhaus, sofern vorhanden, fristeten Personal und Dienstboten ihr proletarisches Dasein. Und an den Straßenekken warteten Droschkenkutscher auf Kundschaft – heute lauern dort höchstens noch Politessen auf Falschparker.

Zu den berühmtesten Söhnen dieses Karrées zählt der Herzog von Wellington, der einen Steinwurf südwärts in der Upper Merrion Street 24 das Licht der Welt erblickte. Der Sieger von Waterloo fühlte sich allerdings wirklich nicht als Ire. Über Dublin sagte er: „Man ist doch kein Pferd, nur weil man in einem Stall geboren wurde." Very british.

An der Westseite des Merrion Square steht die **National Gallery**, ab 1791 erbaut und Dublins erste Adresse für Freunde der bildenden Künste. Links vom Eingang erinnert eine Statue an George Bernhard Shaw – zu Recht, denn der zu Ruhm wie Ehren gekommene Schriftsteller und Kunstsammler hatte seiner ach so verachteten Heimatstadt ein Drittel seines künstlerisches Besitzes vermacht. Die Nationalgalerie stellt Werke irischer Künstler aller Epochen und europäische Meister des 17. Jahrhunderts aus. Es gibt jedoch Verluste zu beklagen: Ein Vermeer und ein Goya wurden 1987 von dreisten Kunstdieben gemopst. Die Bilder sind nach wie vor verschollen. Schwacher Trost: Die Nationalgalerie besitzt immer noch 7.000 Gemälde und 250 Skulpturen.

An der Merrion Street 100 Meter weiter aufwärts erstreckt sich rechter Hand der Leinster Lawn, der rückwärtig gelegene Garten des oben erwähnten Leinster House, auf dessen Grundstück auch das Natural History Museum liegt. Das beigefarbene und victorianisch-abweisend wirkende Prachtgebäude daneben, unverkennbar an seiner Dauerbewachung durch die Polizei, heißt schlicht Government Building. Es ist Sitz von Premierminister und Regierung.

Oben an der Kreuzung Merrion Row verläßt man das Regierungsviertel (geradeaus geht es zum Ely Place, siehe oben) und wendet sich entweder nach rechts, um nach 150 Metern wieder auf St. Stephen's Green zu treffen, oder geht vorzugsweise nach links die belebte Baggot Street entlang. Hier liegen so stilvolle und berühmte Pubs wie Toner's, das Doheny & Nesbitt und Baggot Inn (siehe Kapitel „Pubs"). Bei der nächsten Ecke dann unbedingt rechts in die Pembroke Street einbiegen: Sie führt an wunderschön renovierten georgianischen Backsteinhäusern vorbei zum kleinen Park **Fitzwilliam Square**. Auf der anderen Seite der nur für Anlieger zugänglichen Grünanlage führt die **Fitzwilliam Street** entlang – wenn Sie das Poster „Doors of Dublin" kennen, nun, hier wurde es fotografiert. Typisch an diesen Mietshäusern sind die Holztüren in möglichst grellen Farben, mit

26

halbrunden Oberlichtern, Messinggriffen und Schnörkelwerk aus buntem Gips drumherum. Die Türen galten früher als Visitenkarten der Bewohner. Sechzehn dieser Häuser (im Abschnitt nördlich der Baggot Street) fielen in den sechziger Jahren den Abrißbaggern zum Opfer, um Platz für die Büros der Dubliner Stromwerke zu schaffen. In Hausnummer 29 erinnert das Interieur des **Museum of Georgian Dublin** an die Lebensweise dieses einmal reichsten Viertels der Stadt.

An ihrem südlichen Ende mündet die Fitzwilliam Street in die Leeson Street ein. Diese ebenfalls georgianisch konzipierte Straße ist heutzutage aufgrund ihrer Diskothekenszene vor allem als „The Strip" (siehe Kapitel „Nachtleben") bekannt. Sie führt zum zentralen Park St. Stephen's Green zurück. In umgekehrter Richtung erreicht man in zwei Minuten den idyllischen Grand Canal (siehe Kapitel „Kanäle und Hafen").

Die „Northside"

Niemand weiß, wo die alte, jedoch harmlose Rivalität zwischen Northside und Southside herstammt. Die sowohl in den Köpfen als auch in der sozialen Realität existierende Spaltung hat sich in den jeweiligen Vororten fortgesetzt. Die Stadt entstand am Südufer; auch das georgianische Dublin hinterließ dort die meisten Spuren. Doch während des Baubooms im 18. Jahrhundert war es lange nicht sicher, welche Flußseite nun die „bessere" werden würde. Der Architekt Luke Gardiner prägte die Nordseite, so wie Lord Fitzwilliam die Südseite entwickelt hatte. Die Northside hat durchaus ihre Glanzpunkte zu bieten. Dennoch kursiert seit Generationen folgender Witz in Dublin: „Woran erkennt man einen Bewohner der Northside im Gerichtssaal? Ganz einfach, er ist der Angeklagte!"

Nördlich und östlich der O' Connell Street

Die **O' Connell Bridge** ist Dublins schönste Liffey-Brücke, Mittelpunkt, Wahrzeichen und wichtigste Verkehrsader der Stadt. Architekt James Gandon hatte sie 1790 nach dem Vorbild Pariser Seine-Brücken konzipiert; damals hieß sie noch Carlise Bridge und verlängerte die von College Green herabführende Westmoreland Street nach Norden. Die mehrbogige Steinbrücke hat ein beigefarbenes Sandsteingeländer, das mit Skulpturen, Ornamenten und eisernen, schwarzgestrichenen Laternen reich bestückt ist. Von der Verkehrsinsel auf der Mitte hat man einen weiten Blick in beide Flußrichtungen, wobei auffällt, wie uneinheitlich und wenig in die Höhe geschossen die Skyline von Dublin ist. 100 Meter westlich schwingt sich die gußeiserne Fußgängerbrücke **Ha' Penny Bridge** über den Liffey. Nach Süden kann man bis zum College Green blikken, im Norden beginnt der mehrspurige Boulevard O' Connell Street. Gleich hinter der Brücke wacht hier das monumentale Bronzedenkmal des Daniel O' Connell (1775-1847), katholischer Bürgerrechtler und Bürgermeister von Dublin. Die vier Engel zu Füßen der Statue symbolisieren die irischen Tugenden Mut, Treue, Beredsamkeit und Patriotismus. In einigen dieser Skulpturen stekken noch Querschläger aus den Gefechten des Osteraufstandes von 1916 – lassen Sie die Kugeln bitte dort, wo sie sind, die Dubs haben ein besonderes Verhältnis zu solchen Spuren der Geschichte.

Die etwas eklektizistische Bausubstanz der O' Connell Street, unter den Engländern hieß sie noch Sackville Street, stammt im wesentlichen aus dem 19. Jahrhundert: Drei- bis viergeschossige Häuser mit verspielten Erkern und grünen Dächern; bescheidene Backstein- und verstuckte Prachtfassaden wechseln sich ab. Ein paar Renovierungen würden nicht schaden. Auf dem breiten, baumbestandenen Mittelstreifen der 500 Meter langen Straße folgt nach O' Connell ein wahrer Parcours von weiteren Mahnmalen: Gedacht wird des Politikers William Smith O' Brian, des Journalisten Sir John Gay und des Arbeiterführers und Sozialisten Jim Larkin, der beide Hände himmelwärts streckt; es folgt Father Matthew, ein berüchtigter Moralapostel des 19. Jahrhunderts; völlig daneben dagegen der weiter straßenaufwärts gelegene Anna Livia Brunnen aus dem Jahr 1988, auf dem tagsüber Obdachlose herumsitzen und in dem ausgeflippte Jugendliche im Sommer ein Bad nehmen. Am oberen Ende des Boulevards schaut die vollbärtige Figur des Charles Stewart Parnell grimmig die Straße herab. Der große Redner und Führer der Home-Rule-Bewegung, „Irlands ungekrönter König", ist in rhetorischer Pose vor einer Mauer mit goldener Harfe dargestellt. Der ursprüngliche Mittelpunkt der O' Connell Street aber, die an den britischen Admiral Lord Nelson erinnernde, 150 Jahre alte Säule gegenüber des **General Post Office**, wurde 1966 von einer IRA-Bombe gefällt. An einen Wiederaufbau hat man nie ernsthaft gedacht.

Das spätklassizistische General Post Office (GPO) an der Westseite des mittleren Boulevardabschnitts ist das beherrschende Gebäude in der O' Connell Street. In diesem Postamt befand sich während des Aufstandes von 1916 das Hauptquartier der irischen Rebellen, die auf den Stufen die Republik ausriefen (siehe Kapitel „1916: Osteraufstand"). Das 1815 fertiggestellte Gebäude wurde während der Osterkämpfe durch britischen Artilleriebeschuß schwer beschädigt und in den zwanziger Jahren wiederaufgebaut; trotzdem sind in den Säulen der Eingangsfront noch Einschußlöcher zu sehen. Das GPO stellt heute so etwas wie ein Nationalheiligtum dar, obwohl es ganz profan weiterhin als Hauptpostamt Dienst schiebt. In der auch sonntags geöffneten Schalterhalle sind manchmal historische Ausstellungen zu sehen. Schräg gegenüber auf der anderen Straßenseite befindet sich das große Büro der Irish Tourist Board, wo man reichlich Informationsmaterial und Karten über Irland und Dublin bekommen kann. Auch Hotel- und Mietwagenbuchungen können hier vorgenommen werden.

Es gibt also viel zu sehen in der breiten O' Connell Street; eine richtige Prachtstraße ist sie dennoch nicht, dafür haben sich neben einigen großen Banken, Reisebüros und Hotels doch zu viele billige Geschäfte, Spielhallen und öde Fast-Food-Restaurants niedergelassen, die der Meile einen sozial und ästhetisch ambivalenten Charakter verleihen. Dublin hat elegantere Hauptstraßen zu bieten. Tagsüber wimmelt der Verkehr, nachts gibt es hier aus gutem Grund verstärkte Polizeipräsenz.

Die O' Connell Street endet im Norden hinter dem Parnell-Monument an der halbrunden Front des Ambassador-Kino und am äußerlich unscheinbaren **Gate Theatre**, Dublins zweite berühmte Bühne neben Abbey. Orson Welles

Custom House

gab auf dessen Brettern als Sechzehnjähriger sein Schauspielerdebüt. Das von Michéal MacLímmóir und Hilton Edwards 1928 gegründete Theater war von Anfang an auf avantgardistische Stücke aus dem Ausland spezialisiert. Der Bau aus dem Jahr 1785 verfügt im Inneren über ornamentreiche Stuckdecken in Gold und Blau.

Links hinter dem Gate Theatre befindet sich Europas erstes Entbindungskrankenhaus, das 1757 eröffnete Rotunda Hospital (Eingang Parnell Square West). Das erwähnte Ambassador-Kino hieß früher Rotunda Rooms und diente als Konzertsaal für Wohltätigkeitsfestlichkeiten zugunsten des Krankenhauses. Bei der tiefergelegten Grünanlage hinter dem Hospital handelt es sich um den Garden of Remembrance, 1966 anläßlich des 50. Jahrestages des Osteraufstandes eingerichtet. Eine Bronzearbeit des Künstlers Oisín Kelly zeigt die drei Children of Lir, die sich der Sage nach bei ihrer Flucht aus Irland in wilde Schwäne verwandelten.

Am nördlichen Ende des Parnell Square stößt man auf die **Hugh Lane Municipal Gallery of Modern Art**, untergebracht in einem stattlichen Wohnhaus des 18. Jahrhunderts. Die Sammlung umfaßt vor allem Gemälde des 19. und 20. Jahrhunderts, darunter Werke von Renoir, Manet, Monet, Courbet und Picasso. Kunstsammler Hugh Lane hatte 1905 die ersten Bilder gestiftet, doch als Dublin sich schwertat, eine Galerie dafür zu gründen, vermachte Lane seine Sammlung gekränkt der Nationalgalerie in London. Nach dem Tod des Stifters (er ging 1915 mit der Lusitania unter) kam es zu Streitigkeiten zwischen beiden Galerien, die erst 1959 beigelegt wurden, indem man die Bilder seitdem zwischen London und Dublin rotieren läßt.

Drei Adressen weiter, in derselben Häuserzeile des Parnell Square North, steht das Dublin **Writer's Museum**. Mehrsprachig erläuternde Rundgänge durch das Haus zeigen Manuskripte, Portraits und Fotos irischer Schriftsteller vom Mittelalter bis zur Gegenwart. Man bekommt einen guten Überblick der irischen Literaturgeschichte. Zum Haus gehören noch ein hochinteressanter Buchladen und ein gemütliches Café im hinteren Anbau. In der nächsten Seitenstraße westlich, der Granby Row, liegt als drittes Museum dieses Blocks das National Wax Museum, in dem 200 Prominente aus allen Bereichen des öffentlichen Lebens nachgestellt sind.

Vom Parnell Square aus empfiehlt sich noch ein rascher Abstecher durch die ostwärts führende Great Denmark Street, wo man links gegenüber der Einmündung der oberen Marlborough Street das Belvedere House sieht. Es wurde 1786 vom Architekten Michael Stapleton gebaut und dient seit 1841 als Jesuitenschule. James Joyce machte hier sein „Abi" und beschrieb das Interieur in der Geschichte „Porträt eines Künstlers als junger Mann". Klopfen Sie ruhig an, wenn Sie das Haus besichtigen wollen. Es ist das schönste auf der Northside.

Über die anschließende Gardiner Place gelangt man zum **Mountjoy Square**. Dieses georgianische, geschlossene Karrée erinnert an den Fitzwilliam Square im Süden, ist nicht ganz so gut erhalten, aber dennoch als Wohnadresse beliebt. Die umliegende Gegend wird allmählich zum Geheimtip aller Wohnungssuchenden, die gern „hip" sein möchten, man befindet sich immerhin in Ulysses-Gebiet (das von einem Großneffen des Dichters geführte James-Joyce-Haus liegt in der nahegelegenen 35 North Great George's Street, siehe Kapitel „Ulysses") – es könnte also sein, daß sich hier bald einiges tut.

Vom Mountjoy Square führt die 600 Meter lange Gardiner Street bis zum Beresford Place runter, ein großer Kreisverkehr mit dem modernen Busbahnhof Busaras zur Linken (von hier gehen Überlandbusse in alle irische Provinzen ab). Zum Liffey hin sieht man auf einer weiten Rasenfläche das Zollhaus **Custom House**, Dublins schönstes Juwel. Architekt James Gandon ließ es 1781 bis 1791 bauen, wobei er sich aufs neue von französischen Bauwerken hatte inspirieren lassen. Die Zeitgenossen zeigten wenig Kunstverstand und versuchten, das für damalige Zeiten unerhörte Gebäude zu stürmen. So mancher Spekulant schielte dabei auf die wertvollen Kaigrundstükke. Das langgestreckte Gebäude wird von einer 38 Meter hohen Kupferkuppel gekrönt, auf dessen Spitze eine Skulptur des Bildhauers Edward Smyth steht. Um das Custom House richtig erfassen (und fotografieren) zu können, muß man schon den Liffey nach Süden zum dortigen George's Quay überqueren. Leider kann man das von der Regierung als Bürohaus genutzte Gebäude nicht von innen begehen. Östlich vom Custom House, auf der anderen Seite des verkehrsreichen Beresford Place, zeugt die dunkelgrüne Glasfassade des hochmodernen International Financial Services Centre von den Bemühungen Irlands, auch in der heutigen Geschäftswelt mithalten zu können. Der riesige Komplex vermag jedoch nicht, die Eleganz des Custom House in den Schatten zu stellen. Auf der westlichen Seite des Custom House steht Dublins einziges Hochhaus, die **Liberty Hall**, Sitz des irischen Gewerkschaftsverbandes. Das in den sechziger Jahren errichtete Gebäude ist von langweiligstem Design, spielt aber als weithin sichtbare Landmarke in der ansonsten eher flachen Skyline von Dublin eine gewisse optische Rolle.

Parallel zum Eden Quay geht man nun am besten durch die Abbey Street zurück Richtung O' Connell Street und passiert dabei den öden Klinkerneubau des **Abbey Theatre** an der Ecke Marlborough Street. So unscheinbar das äußere, so dramatisch geht es im Inneren zu: Das „Abbey" ist das Irische Nationaltheater (siehe Kapitel „Dublin als Bühne"). Die Marlborough Street nordwärts führt zur unprätentiösen Pro Cathedral, die nach der Legalisierung des römischen Glaubens als Dublins erste katholische Kathedrale 1825 fertiggestellt wurde. Die umliegende Gegend hieß früher **Monto** und war als Rotlichtbezirk berüchtigt. Im März 1925 stürmten in einer Nacht- und Nebelaktion Priester, Mönche, Nonnen, Polizisten und aufgebrachte Missionare aller Geistesrichtungen das Viertel, um die Bordelle auf immer zu schließen. Dabei soll auch allerhand Prominenz verhaftet worden sein. Einen Rest sozial bedingter Unsicherheit wird man hier nach Einbruch der Dunkelheit immer noch spüren können.

Westlich der O' Connell Street

Neben dem GPO zweigt westwärts die Henry Street ab. Hier und in der benachbarten Moore Street läßt sich noch Dublins alte Marktatmosphäre finden. Marktfrauen bieten bei Wind und Wet-

Four Courts

ter lautstark ihre Waren an; umtriebige Straßenhändler mit schlechten Zähnen verkaufen Tabak, Zigaretten und Süßwaren aus ihren Bauchläden. Die Atmosphäre erinnerte noch bis vor kurzem an Straßenszenen wie aus einem Roman von Charles Dickens. Ramschläden und Discount-Geschäfte weisen darauf hin, daß hier die Arbeiterklasse „shoppen" geht. Doch neben den alten Häusern aus dem vorigen Jahrhundert sind modern-häßliche Einkaufspassagen wie das ILAC in der Moore Street entstanden.

Über Henry und Mary Street gelangt man zur Capel Street, in der seit Generationen Handwerker und Kleinunternehmer ihre Werkstätten unterhalten. Von der Capel Street kommt man über die Mary's Abbey Street zur Ruine der **St. Mary's Abbey**. Unter dem Haus fand man Ende des 19. Jahrhunderts die Überreste des gleichnamigen Zisterzienser-Klosters aus dem Jahr 1139. Lord Silken Thomas Fitz Gerald hatte hier 1534 dem Rat der Stadt sein Rebellenschwert auf den Tisch geknallt. Während der Reformation wurde die Abtei aufgelöst.

Geht man die Mary's Abbey weiter, gelangt man an der Church Street zur 1095 von Wikingern gegründeten **St. Michan's Church**. Der heutige Bau stammt aus dem 18. und 19. Jahrhundert. Gruselige Attraktion stellen einige Mumien aus dem 18. Jahrhundert in den Gruften des Kirchengewölbes dar. Die Leichen sind so gut erhalten, weil die Kalksteinwände des Kellers die Luftfeuchtigkeit absorbieren. Um sich von diesem schauerlichen Anblick zu erholen, sollte man 50 Meter straßenaufwärts in die May Lane und dann in die Bow Street einbiegen, um in der Irish Whiskey Corner alles zu erfahren, was man schon immer über Whiskey erfahren wollte. In diesem Haus wurde 1791 die Jameson's Destillerie gegründet. Heute residieren hier der Hauptverband der irischen Whiskeybrenner sowie das liebevoll eingerichtete Museum. Im Inneren ist reizvoll eine alte Brennerei nachgebildet. Die 75minütige Führung inklusive Film und Kostprobe sollte man sich nicht entgehen lassen. Hinterher kennt man die Unterschiede zu Scotch und Bourbon.

In der heruntergekommenen Parallelstraße Smithfield findet noch an jedem ersten Sonntag im Monat ein Pferdemarkt statt, den es aber nicht mehr lange geben wird.

Einige Blocks nördlicher liegt abgeschirmt in einer parkähnlichen Anlage ein weiteres Gebäude aus der Feder des Architekten James Gandon: das King's Inns aus dem Jahr 1795, seitdem Sitz des Juristenverbandes. Man kann das elegante Haus von der Straße aus trotz seiner Stattlichkeit leicht übersehen. Ein Bogengang führt hindurch und mündet auf der anderen Seite in der Henrietta Street, die einzige georgianische Wohnzeile in diesem Stadtteil. Die abgelegene Sackgasse galt um 1750 als die beste Adresse Dublins, was man heute nicht mehr behaupten kann. Zu den Bewohnern zählten einst Richter und Anwälte. Hausnummer 9, Domizil der „Daughters of Charity", kann auf Wunsch besichtigt werden und offenbart in seinem Inneren die großzügige Wohnweise der Dubliner Oberschicht von anno dazumal.

Unten am Inn's Quay des Liffey liegt das **Four Courts** (errichtet 1786-1802), wahrscheinlich Dublins schönstes Gebäude. Der Justizpalast ist das architektonische Gegenstück zu dem eine Meile ostwärts gelegenen **Custom**

Am Grand Canal

House. Erbauer James Gandon hatte die beiden klassizistischen Prunkstükke des georgianischen Dublins ganz bewußt in räumliche und konzeptionelle Beziehung zueinander gesetzt. Beide Bauwerke begrenzten die damalige Innenstadt jeweils vom nördlichen Liffey-Ufer, beide werden von grünen Kupferkuppeln gekrönt. Doch während Custom House ein flacher und langgestreckter Bau ist, verkörpert der nach oben drängende Rundbau Four Courts ein eher vertikales Prinzip. Zwei Nebengebäude flankieren die Säulenfront des Portals. Während des Bürgerkrieges explodierte das Gerichtsgebäude 1923 nach dreitägiger Schlacht, wobei das im Haus untergebrachte Nationalarchiv in Flammen aufging. Der Wiederaufbau dauerte bis 1932. Den besten Blick auf Four Courts hat man vom gegenüberliegenden Flußufer aus, wo sich an der Father Matthew Bridge denn auch wieder Dublins älteste Kneipe, das sagenumwobene „Brazen Head", zur Stärkung empfiehlt.

An den mauergesäumten Nord-Quays des Liffey entlang, vorbei am Ormond Hotel (das eine gewisse Rolle im Roman „Ulysses" von James Joyce spielt), kommt man in 10 Minuten wieder zur O' Connell Bridge.

Kanäle und Hafen

Die innerstädtischen Kais und Ufer des Liffey bildeten bis ins frühe 19. Jahrhundert den Hafen von Dublin. Doch im Zuge der Industrialisierung wurde der Fluß zu schmal für die moderne Schiffahrt, so daß im Mündungsgebiet bei Ringsend neue Anlagen gebaut werden mußten. Bereits während des 18. Jahrhunderts war der Liffey permanent von Versandung bedroht – die halbe Stadt kippte damals ihren Schutt in den Fluß. An der Flußmündung vollendete man dann bis 1796 eine gemauerte Fahrrinne als Flußverlängerung in die Dublin Bay hinein, an deren äußeren Rändern sich bei Ebbe Strömungssedimente ablagerten und wo gleichzeitig der Abraum jahrzehntelanger Flußausbaggerungen abgeladen wurde. Im Verlauf des 19. Jahrhunderts wurden so über 30 Millionen Tonnen Schlick aufgeschüttet, auf dem das Areal des heute weit in die Dublin Bay hineinragenden Hafengebietes entstand. Am Nordende der Bay baute man später eine weitere Mauer gegen Versandung (siehe Kapitel Vororte „**Clontarf**"). Die alten Liffey-Kais in der Stadt wurden als Entladeplätze für Schiffe überflüssig und verwandelten sich in die heutigen Uferpromenaden.

Im neuen Hafen sind neben den Anlegestellen für Frachter und Fähren vor allem Industrie- und Speditionsbetriebe sowie die Dubliner Kraftwerke mit ihren Gasometern (gepriesen im Lied „Dirty Old Town") angesiedelt. Von der O' Connell Bridge gelangt man in etwa 20 Fußminuten zum Dublin Harbour. Fans des Maritimen werden hier aber nicht unbedingt auf ihre Kosten kommen – der Hafen ist weder besonders groß noch spektakulär – das kleine Irland hat so viele Häfen und Häfchen, daß sich der Seehandel ziemlich gleichmäßig über das ganze Land verteilt. Reizvoll könnte allenfalls ein Spaziergang über die eineinhalb Kilometer lange Southbull Wall bis zum Poolbeg Lighthouse sein. Der Blick zurück offenbart dann Dublins gesamte Küstenlinie.

Im Gebiet der Gasometer, kurz vor den Hafenanlagen, münden zwei weitere Wasserwege in den Liffey: von

Nordwesten der **Royal Canal** und von Südwesten der **Grand Canal**. Im 18. Jahrhundert waren dies die wichtigsten Verkehrsadern Irlands: An den Uferwegen zogen Pferde per Seil schmale, mit Gütern aus dem Landesinneren beladene Lastenkähne zum Dubliner Hafen. Ringförmig umrundeten die beiden Kanäle die Stadt und bilden noch heute die Grenze zwischen City und Vororten. Zusammen kommen die beiden Kanäle im Innenstadtbereich auf eine Länge von 9 Kilometern.

Mit dem Aufkommen der Eisenbahn wurden diese Wasserwege wirtschaftlich unrentabel und fielen in einen hundertjährigen Schlaf. Inzwischen sind sie vor dem Verfall gerettet und haben sich in idyllisch gepflegte Wasserwege verwandelt. Besonders der Grand Canal mit seinen begehbaren Pfaden längs der schilfbewachsenen Ufer eignet sich für schöne Spaziergänge in Innenstadtnähe – vom Park „St. Stephen's Green" sind es nur 10 Minuten bis zum Grand Canal. Die alten Holzschleusen aus der Zeit der gemächlichen Lastkähne hat man stehengelassen oder sogar instandgesetzt. Auf den Brücken sitzen Angler, an den Ufern brüten Maler über ihren Staffeleien. Um die besten Wohngrundstücke mit Blick auf den Grand Kanal wird mittlerweile heftig gefeilscht. Das Waterways Visitor Centre am Grand Canal Quay (an den Docks zwischen Kanal und Liffey) informiert über Geschichte und Technik der alten Kanäle.

Einige Vororte

Dublin begann im letzten Jahrhundert, sich über die Kanäle nach Norden und Süden auszudehnen. Die meisten umliegenden Dörfer haben sich dabei in Vororte verwandelt; auf den Weiden dazwischen entstanden neue Schlafstädte, Gewerbegebiete, aber auch geschützt gelegene Wohngegenden für komfortable Einfamilienhäuser. Letztere sind besonders in den südlichen Vororten zu finden. Nach 1960 begannen die Stadtväter, die Innenstadt zu „entkernen", wie man städtebaulich so schön sagt, um die Übervölkerung der dichten City zu entschärfen. Der ganz brutale Kahlschlag anderer europäischer Metropolen blieb Dublin dabei glücklicherweise erspart – aus Geldmangel. Dennoch, die Zahl der Büros stieg, und viele einstige City-Bewohner zogen in die Vororte.

So entstanden am Stadtrand monotone Sozialwohnungsblöcke wie oben in Ballymun am Flughafen oder nicht minder monotone Reihenhaussiedlungen wie in Dundrum und Finglas. Besonders in den nördlichen und westlichen Außenbezirken trifft man manchmal auf bedrückend wirkende Quartiere: Billige Reihenhäuser im nachgemachten Stil englischer Bergarbeitersiedlungen ziehen sich endlos über die Hügel. In den engen, ummauerten Hinterhöfen drängen sich Mülltonnen, Wäscheleinen, Schrott und Sperrmüll. Dazwischen spielen unzählige Kinder. Inzwischen ist wieder eine erste Tendenz zurück in die City zu vermelden: Junge Leute wohnen lieber in renovierten Altbauten am Liffey als draußen auf den gar nicht mehr so grünen Wiesen.

Am besten haben es noch diejenigen Vororte getroffen, die nicht am neuzeitlichen Reißbrett geplant wurden, sondern eine eigene Tradition als Wohnort besitzen. Denn die Privilegierten unter den Dublinern zog es bereits um 1800 an den Fuß der **Dublin Mountains** oder an die Kanalufer (von der Küstenlinie ganz zu schweigen), wo weitläufige Familiensitze und schmucke Bürgerhäuser entstanden. Einige Wohnlagen von Groß-Dublin kann man daher nicht anders als atemberaubend bezeichnen – das gilt leider auch für die damit einhergehendenGrundstückspreise.

Wenn man nicht die Zeit oder die Nerven hat, Dublins verwirrende Vorort-Topographie auf eigene Faust zu erkunden, sollte man sich wenigstens in einen Zug der Schnellbahn DART (Dublin Area Rapid Transit) setzen und einmal Dublins gesamte Küstenlinie von Norden nach Süden entlang fahren – die Schienen der DART, es gibt nur eine Strecke, führen nämlich überwiegend am Meer entlang. In der Innenstadt kann man in den Bahnhöfen Connolly Station, Tara Station und Pearse Station in die DART einsteigen. Unterwegs bieten sich mehrere Stationen an, um auszusteigen, sich umzusehen und einen oder zwei Züge später weiterzufahren (siehe Kapitel Reisetips: „Nahverkehr").

Einige Sehenswürdigkeiten der Vororte werden im folgenden näher beschrieben.

Phoenix Park

Drei Kilometer westlich der Innenstadt beginnt Europas größter geschlossener Stadtpark: der Phoenix Park. Die 712 Hektar große Grünanlage ist fünfmal größer als der Hyde Park in London und beherbergt eine ganze Reihe von bedeutsamen Einrichtungen. Der Park besitzt ein eigenes Straßennetz und kann zu Fuß nicht an einem Tag erschlossen werden. Eigentlich ideal für einen Radausflug, leider befindet sich die nächste Fahrradvermietung in der City. Es gibt hier riesige Rasenflächen, die wie mit der Nagelschere geschnitten aussehen, Ententeiche, Wäldchen, eine künstlich angelegte Hügel-und-Seen-Landschaft, Rosenbeete, der Dubliner Zoo, Denkmäler, diplomatische Residenzen, Sportplätze, ein Observatorium, ein Krankenhaus. . .

Seinen Anfang nahm Phoenix im 17. Jahrhundert, als Englands damaliger Vizekönig in Irland hier seinen Landsitz inklusive eines Wildparks anlegen ließ. Mit Bewachung und Pflege wurden „Personen angemessenen Standes" beauftragt, wie es in einer Urkunde dünkelhaft heißt. 1747 wurde die im Stil englischer Gartenkunst errichtete Anlage der Öffentlichkeit zugänglich gemacht. Schon bald war Phoenix der bevorzugte Ort für Paraden, Spaziergänge, erotische Stelldicheins, nächtliche Rendez-Vous – aber auch für Duelle und bewaffnete Überfälle.

Der Haupteingang liegt an der Park gate Street im Südosten. Links davon sieht man das 60 Meter hohe Wellington Monument, das an den Sieger der Schlacht Waterloo, Lord Wellington, erinnert. Rechts von der Main Road befindet sich die lauschige Hügellandschaft des People's Garden, wohl der beliebteste Teil des Parks. Dahinter liegt das Verteidigungsministerium und oberhalb davon das nationale Hauptquartier der irischen Polizei Garda Siochána. Ebenfalls in dieser Ecke des Parks liegt der Zoo, gegründet 1831 und damit der drittälteste der Welt. Der uns allen bekannte, brüllende Vorspann-Löwe des Hollywood-Filmimperiums Metro-Goldwyn-Meyer stammte übrigens von hier. Raubkatzen sind noch heute die Hauptattraktion des Dubliner Tiergartens.

Vom Zoo parkeinwärts gehend trifft man auf Áras an Uachtaráin, den Sitz des Staatspräsidenten von Irland. Das Gebäude stammt aus dem Jahr 1715 und kann seine Herkunft als opulenter Landsitz und spätere Residenz der Vizekönige nicht verleugnen.

Fast in der Mitte des Parks liegt die Residenz des amerikanischen Botschafters (die US-Botschaft selbst befindet sich im Vorort Ballsbridge). Im nordwestlichen Teil von Phoenix steht das kleine Ashtown Castle aus dem 15. Jahrhundert. Bis vor kurzem diente es als Apostolische Nuntiatur.

Unweit der südlich gelegenen Sportplätze Fifteen Acres steht ein 27 Meter hohes Kreuz, das 1979 für den Besuch von Papst Johannes Paul II. aufgestellt worden war.

Genau in der Mitte des Parks, an der Kreuzung Main Road / Acres Road befindet sich die Säule des Phoenix. Seinen Namen hat der Park allerdings nicht von diesem Sagenvogel, sondern schlicht aus der Verballhornung des gälischen Wortes „fionn uisce", zu deutsch: „klares Wasser". So hieß die Gegend vor ihrer Erschließung.

Es komme im übrigen niemand auf die Idee, sich mit seinem Zelt in die zahllosen Büsche des Phoenix Park zu schlagen. Da es im Park einige sicherheitsrelevante Häuser gibt (Präsidentenvilla, US-Botschafter), wimmelt es nachts von Polizisten. Und die denken erstmal nicht an Camper, wenn sie nächtliche Parkbesucher erwischen (Phoenix schließt um 23 Uhr seine Pforten).

Kilmainham

Der kompakte Stadtteil **Kilmainham** beginnt 2,5 Kilometer westlich der Innenstadt direkt hinter der Guinness-Brauerei, unterhalb des Phoenix Park. In der Inchicore Road findet man das berüchtigste Gefängnis von Irland, das **Kilmainham Jail**, erbaut 1772 bis 1796 in damals weiser Voraussicht der politischen Unruhen, die sich mit der französischen Revolution über Irland ausbreiten würden. Schon wenige Monate nach der Einweihung füllten sich die Zellen. Unpolitische, „normale" Häftlinge blieben die Ausnahmen unter den Insassen.

Die nüchtern-abweisenden Granitsteinfassaden beherbergen heute ein gut geführtes Museum, in dem man sich über die Geschichte des Hauses informieren kann. Eine kenntnisreich erläuternde Führung geleitet den Besucher durch die hallenden Gänge, öffnet die Eisentüren zu kargen Verliesen und zur Todeszelle, läßt einen schaudernden Blick hinab in den scheinbar immer noch aktionsbereiten Galgenturm werfen und endet schließlich im Gefängnishof, an dessen 15 Metern hohen Mauern schon so manches Erschießungskommando seiner blutigen Arbeit nachging. In der hohen Innenhalle mit ihren stählernen Wandelgängen und vergitterten Treppenhäusern zeigt eine Dauerausstellung Fotografien aus den Bürgerkriegsjahren 1922/23.

Kilmainham Jail beherbergte seit seiner Einweihung praktisch alle irischen Aufständischen von Rang und Namen. Die United Irishmen von 1798 saßen hier ein, Robert Emmet, der Rebell von 1803 sowie namenlose Fenier und Geheimbündler der zahlreichen Erhebungen des 19. Jahrhunderts. Zu trauriger Berühmtheit gelangte das Gefängnis nach der Osterrebellion 1916. Die britische Armee internierte hier die Anführer des niedergeschlagenen Aufstandes. 15 von ihnen wurden zwischen dem 3. und 16. Mai 1916 ohne Gerichtsverhandlung standrechtlich im Innenhof erschossen. Der im Kampf schwerverwundete James Connolly mußte auf einem Stuhl gefesselt zur Stätte seiner Hinrichtung getragen werden. Nur zwei Aufstandsführer entgingen der Hinrichtung und wurden statt dessen zu Haftstrafen verurteilt: die Gräfin Markiewicz, weil sie eine Frau war, und der spätere Staatspräsident Eamon de Valera, weil er dem Paß nach amerikanischer Staatsbürger und damit Bürger eines mit England verbündeten Landes war (der in New York geborene de Valera hatte eine irische Mutter und einen spanischen Vater, nach dessen Tod de Valera bei Verwandten in Irland aufwuchs).

Während des Bürgerkrieges war es die irische Freistaatsregierung, die nun ihrerseits reichlich Gebrauch von dem Gefängnis machte. Wieder hallten die Schüsse der Erschießungskommandos im Morgengrauen, doch diesmal schossen Iren auf Iren. Auch de Valera wurde erneut inhaftiert. Nach seiner endgültigen Freilassung 1924 ging die düstere Geschichte dieses Gefängnisses nach 130 Jahren zu Ende. Die im alten Stil renovierte Haftanstalt zeigt sich den Besuchern heute so, wie sie in den letzten Jahren vor ihrer Schließung ausgesehen hatte.

Östlich von **Kilmainham Jail**, auf der anderen Seite der South Circular Road, führt die Verlängerung der Inchicore Road zum **Royal Hospital**. Der 1684 fertiggestellte Prunkbau ist dem „Hôtel des Invalides" in Paris nachempfunden und war Irlands erstes Gebäude im klassizistischen Stil. Bis 1928 diente es seiner ursprünglichen Bestimmung als gehobenes Heim für Kriegsinvaliden. James Butler, Herzog von Ormande und Mayor of Dublin, hatte es bauen lassen. Nach der Schließung wurde das Haus eine Zeitlang als Polizeihauptquartier genutzt, dann stand es jahrelang leer. Nach einer gründlichen Renovierung wiedereröffnete man das Royal Hospital 1991 als Irish Museum of Modern Art. Da der Präsenzbestand des Hauses noch klein ist, liegt seine museale Stärke vor allem in attraktiven Wanderausstellungen moderner Kunst. Interessanter sind ohnehin die architektonischen Details im Inneren: Kiefergetäfelte Wände, Eichendielen, eine barocke Kapelle und anderes mehr mußte originalgetreu nachgebaut werden, was so einfühlsam gelang, daß die 21 Millionen Pfund teure Erneuerungsarbeit 1985 den Preis „Europa Nostra" der Europäischen Gemeinschaft erhielt.

Dort, wo Kilmainham an die Ufer des Liffey stößt (gegenüber liegt Phoenix Park), befindet sich der Irish National War Memorial Park, der an die 49.000 irischen Soldaten erinnert, die während des Ersten Weltkriegs in britischer Uniform gefallen sind.

Kilmainhams vierte Attraktion ist, ebenfalls nahe dem Liffey, die kleine Heuston Station aus dem Jahr 1845, einer der ältesten und immer noch Dienst schiebenden Bahnhöfe Irlands.

Glasnevin

Um 1830 floh die obere Mittelschicht aus der damals typhusverseuchten Dublin-City hierhin an das noch ländliche Nordufer des Royal Canal und prägt seitdem diesen auf einer flachen Anhöhe gelegenen Stadtteil. Typisch für die ruhigen Seitenstraßen sind die roten Backsteinhäuser mit ihren kleinen Vorgärten und hübschen Erkerfronten. In Glasnevin liegen auch auffällig viele kleine, aber feine Familienhotels und B&B's.

Irgendwann aber wohnen fast alle Dubliner im nördlichen Vorort **Glasnevin** (zwei Kilometer von der Innenstadt entfernt, Busrouten 40 und 40A) – denn hier liegt **Prospect Cemetry**, Dublins bedeutendster Friedhof, gespickt mit Gräbern berühmter Iren: Charles Stewart Parnell, Eamon de Valera, Michael Collins, Jim Larkin, Arthur Griffith, Daniel O' Connell und andere liegen hier; Hinweisschilder führen zu ihren letzten Ruhestätten. Das Grab des Bürgerrechtlers O' Connell („The Liberator") ist schon von weitem an einem Rundturm zu erkennen – ein nationales Monument der Republik Irland. Der Leichnam des 1916 in London hingerichteten Roger Casement wurde erst 1964 zum Prospect Cemetry überführt. Schon so manche Beerdigungsprozession Richtung Glasnevin umfaßte mehrere hunderttausend Menschen.

Beachtenswert sind in Friedhofsnähe die vielen Kneipen, in denen sich nach der Beisetzung die Trauergemeinden versammeln. Die nächstgelegene heißt bezeichnenderweise „Gravediggers Pub".

In der nordöstlichen Ecke geht der Friedhof in den National **Botanic Garden** über. Der 20 Hektar große Park wurde 1789 von der Royal Dublin Society entworfen und läßt 20.000 verschiedene Pflanzen- und Blumenarten wachsen, darunter auch exotische wie Kakteen, Orchideen, Farne, Riesenlilien und 30 Meter hohe kalifornische Redwood-Bäume. Das gläserne Palmenhaus aus dem Jahr 1884 ist eindeutig im victorianischen Stil gebaut worden.

Zu den bizarrsten Neubauten Dublins gehört das Wetteramt an der Kreuzung Old Finglas Road und Ballymun Road. Das 1979 gebaute Institut besitzt die Form einer mit weißen Steinplatten verkleideten Pyramide und ist von einem Wassergraben umgeben.

Marino und Clontarf

Der alteingesessene Wohnbezirk Marino beginnt 2 Kilometer nordöstlich der Innenstadt. Hauptattraktion ist das **Casino** (was nichts mit Glücksspiel zu tun hat) in der Malahide Road. Das 1780 als sommerliches Lustschlößlein für Lord Charlemont gebaute Unikum gilt als heiteres Prunkstück der europäischen Baukunst des 18. Jahrhunderts. Trotz seiner offensichtlichen Anlehnung an antike Tempelbauten hat es einige angelsächsische Besonderheiten der schrulligen Art aufzuweisen: Der Schornstein auf dem Dach sieht wie eine große Urne aus, und die griechischen Säulen sind hohl, um als Regenrinnen herzuhalten.

Der seewärts anschließende Stadtteil Clontarf (Buslinie 20) liegt auf einer in die Dublin Bay hineinragenden Landzunge. Weihnachten 1014 besiegte in dieser Gegend König Brian Boru die Dänen. An die Schlacht erinnert hier heute nichts mehr. Auf einem Hügel in der Ortsmitte steht das Clontarf Castle, ein „Neubau" aus dem Jahr 1835. Die Clontarf Road bildet an der Küste eine zwei Kilometer lange, eher öde Uferpromenade, an der sich ein Schwimmbad und ein Yachtklub befinden.

Am östlichen Ende dieser Straße beginnt der **North Bull Wall**. Die zwei Kilometer lange Gezeitenmauer ist das Gegenstück zur South Bull Wall am anderen Ende der Bucht. Die beiden Wellenbrecher laufen in der Bucht V-förmig aufeinander zu und lassen eineinhalb Kilometer weit vor dem **Hafen** eine mit Leuchttürmen markierte Durchfahrt von nur 200 Metern Breite offen für Schiffe, die Dublin ansteuern.

Es war Kapitän William Bligh, weltberühmt geworden durch die Meuterei auf dem Segler „Bounty" vor Tahiti, der 1800 die Gezeitenverhältnisse der Dublin Bay untersuchte und zu dem Schluß kam, am Nordende diese weitere Mauer in die Bucht hineinzubauen, um zu verhindern, daß sich strömungsbedingt Sand im Hafen ablagern konnte. Die „North Bull Wall" wurde 1829 fertiggestellt und bildet heute einen befahrbaren Damm. Die dadurch abgedrängten Strömungen lagern bei Ebbe seitdem ihren Sedimentballast auf der Ostseite der Mauer ab, so daß eine riesige Sandbank namens North Bull Island entstand. Das Gelände ist ein Paradies für rund 40.000 Seevögel, die hier zwischen Sanddünen, Salzwassertümpeln und Wattflächen brüten. Die UNESCO hat einen Teil des Gebietes zum Biosphärenreservat ernannt. Ein „Information Centre" an der Dammstraße vermittelt Wissenswertes. Neuerdings gibt es allerdings auch zwei Golfplätze auf der 4500 mal 500 Meter großen Sandbank.

Halbinsel Howth

Das nördliche Ende der Dublin Bay bildet die Halbinsel **Howth**, 10 Kilometer vom Zentrum Dublins entfernt. Einst eine Anlegestelle für Postboote aus England, ist Howth heute Irlands fünftgrößter Fischereihafen, Domizil einiger Yachtklubs und ein außerordentlich beliebtes Ausflugsziel. Eigentlich ist Howth eine eigenständige Gemeinde, doch viele Dubliner haben sich hier wegen der spektakulären Aussicht sowie des idyllischen Fischereiflairs niedergelassen, so daß man die 2,5 mal 3 Kilometer große Halbinsel als Vorort betrachten muß. Die städtische Schnellbahn DART hat hier ihre nördliche Endstation.

Howth bietet Meeresblick in drei Richtungen. Zentrum des steil ansteigenden Ortes ist der kleine, aber lebhafte **Hafen** an der Nordseite, wo sich neben Souvenirshops und Anglergeschäften Fischrestaurants aller Preiskategorien niedergelassen haben. Mehrere Piers unterteilen das Hafenbecken, an dessen Ende ein kleiner Leuchtturm steht. Die Ruine der **Howth Abbey** im Ort selbst stammt aus der Normannenzeit, doch angeblich soll schon Wikingerkönig Sitric hier eine Kirche gebaut haben. An einer der Ruinenwände der Abtei wurde 1740 frivolerweise eine Kneipe angebaut, die nach wie vor ihre Schankdienste tut: The Abbey Tavern ist ein gemütlicher Pub mit guter Küche und Torffeuer am offenen Kamin.

Oberhalb der East Pier steht ein **Martello** Tower, Bestandteil jener Kette von steinernen Wachtürmen, die Anfang des 18. Jahrhunderts entlang der ostirischen Küste gebaut wurden, um frühzeitig die erwartete napoleonische Invasionsflotte (die dann aber nie kam) sichten zu können. Sie werden an der Küste um Dublin auf insgesamt 15 dieser dicken, aber niedrigen Martello Towers stoßen.

Vom Hafen geht alle halbe Stunde (zumindest im Sommer) ein Ausflugsboot zu der vorgelagerten Insel **Ireland's Eye**, auf der sich eine überwucherte Klosterruine aus dem 7. Jahrhundert sowie ein weiterer **Martello** Tower befinden. Da es auf dem unbewohnten Eiland weder Geschäfte noch Trinkwasser gibt, sollte man Proviant mitnehmen. Die weiter entfernte, aber noch sichtbare Insel **Lambay Island** ist Vogelschutzgebiet und befindet sich in Privatbesitz eines gewissen Lord Revelstoke.

Westlich der Hafenmole von Howth stößt man auf das **Howth Castle**, wiederaufgebaut im Jahr 1564 und seitdem mehrmals erweitert und modernisiert, so daß es nicht unbedingt altenglisch aussieht. Leider kann man es nicht besichtigen, da es von der Familie St. Lawrence bewohnt ist – seit 1177! Immerhin haben ihre Lordschafts den weitläufigen Garten des Anwesens der Öffentlichkeit zugänglich gemacht. In den ehemaligen Pferdeställen des Schlosses ist ein Transport Museum untergebracht, in dem man mehrere Generationen Doppeldecker-Busse und Straßenbahnen bewundern kann, so man will.

Höhepunkt eines jeden Howth-Aufenthaltes sollte eine Wanderung über den 2,5 Kilometer langen Cliff Walk sein. Der ungefährliche Klippenpfad beginnt an der East Pier im Hafen und endet am Baily Lighthouse im Süden. Von dort hat man einen grandiosen Blick auf Dublin und die Bay bis zu den Wicklow Mountains im Süden. Um die

Wirkung einer solchen Aussicht noch zu steigern, erklimme man den ausgeschilderten Pfad zum inseleinwärts gelegenen Hügel Howth Head (170 Meter hoch). An sehr klaren Tagen kann man dann die über 100 Kilometer entfernten Berge von Wales auf der anderen Seite der Irischen See erblicken!

Dublin Mountains

Wann immer man an schönen Tagen von Dublin-City aus den Blick frei hat nach Süden, sieht man 11 Kilometer lockend nah die bewaldeten Hügel der Dublin Mountains. Sie gehen nur auf 400 Meter hoch, wirken aus der „Schüssel" von Dublin aber höher. Tatsächlich ist es nur ein Tagesausflug, mal eben aus der Stadt rauszufahren, um in den Hügeln zu wandern. Alpin geht es hier zwar nicht zu, trotzdem brauchen Sie wetterfeste Kleidung und sehr gute Schuhe, am besten wasserdichte, da selbst die Wege morastig sein können. Masochisten steigen natürlich aufs Fahrrad, um sich erst selbstmörderisch durch die südliche Stadt und dann die Hangwege (sofern vorhanden) rauf zu quälen.

Verkehrstechnisch ist die Chose auch sonst leider nicht unkompliziert – am besten, man begibt sich per Auto, Taxi oder Bus (Nr. 16, 16A, 47) in den netten Vorort Rathfarnham und gehe ab hier zu Fuß. Ein geeigneter Ausgangspunkt ist der „Yellow House Pub" an der Bushaltestelle in Rathfarnham. Die Hauptstraße nach Süden führt 4 Kilometer lang aus der Stadt heraus. Eine Brücke über das Flüßchen Owendoher führt rechts und dann links in einen ansteigenden Waldweg, der an einem Parkplatz endet. Von hier läßt sich der Montpelier Hill erwandern, an dessen Spitze sich ein altes Klubhaus namens Hellfire Club befindet (angeblich wurde hier früher illegal gezockt). Die Aussicht auf Dublin lohnt den Aufstieg. Proviant und Getränke müssen mitgebracht werden.

Ebenfalls von Rathfarnham aus, aber weiter westlich, führt der Weg in das hochgelegene Wasserreservoir von Glenasmole, 6 Kilometer südlich des Stadtrandes. Die Firehouse Road solange nach Süden fahren oder gehen, bis man an einer scharfen Kurve den River Dodder überquert hat. Links liegt dann das Areal mit zwei Seen, kleinen Staudämmen und Kanälen, die allesamt gegen Ende des letzten Jahrhunderts angelegt wurden und entsprechende Patina angesetzt haben, was diesem kleinen Tal etwas Verwunschenes verleiht. Der Weg um die zwei Stauseen ist mangels Planierung nicht ganz ohne, aber dennoch gefahrlos zu bewältigen. Als Orientierungshilfe können die Fernsehmasten auf dem nahen Mount Kippure dienen.

Die höchste Erhebung der Dublin Mountains heißt Three Rock Mountains, ist 450 Meter hoch und bietet die beste Aussicht auf Dublin, die Bucht und südwärts bis zu den Wicklow Mountains. Von Rathfarnham oder Ballyboden aus fahre man Richtung Grange Golf Club und begebe sich von hier zum 3 Kilometer entfernten Pub „Lamp Doyles" (wir empfehlen den Bus Nr. 44) an der Blackglen Road, biege hier rechts in die Woodside Road, an deren Ende nach knapp 2 Kilometern der „Blue Light Pub" auftauchen sollte. Von hier führen einige Pfade aufwärts, man frage sich durch. Auch dieser Berg (er erhielt seinen Namen von den drei kleinen Felskuppen am Gipfel) wird von Radiomasten gekrönt.

Es sei dringend darauf hingewiesen, daß man sich für all diese Wanderungen Kartenmaterial beim Tourist Office in der O' Connell Street besorgen sollte, da man sich sonst leicht verirren kann. Gefährlich wäre das zwar nicht, aber wer will schon eine feuchtkalte Nacht im irischen „Hochgebirge" verbringen?

Von Ballsbridge nach Dun Laoghaire

Vom Trinity College aus weisen die Nassau Street und ihre Verlängerungsstraßen am Merrion Square vorbei und über den Grand Canal hinaus nach Südosten zur 8 Kilometer entfernten Nachbarstadt Dun Laoghaire (sprich: Dan Leary). Der Weg dorthin, egal ob über die Straße oder per Schnellbahn DART, führt durch feinere, küstennahe Quartiere Süd-Dublins (Buslinien 5, 6, 7A, 8, 45). **Ballsbridge** ist Standort des alten Rugbystadions, der amerikanischen Botschaft und der **Royal Dublin Society** (RDS) am Südufer des River Dodder. Diese 1731 von „ehrwürdigen Bürgern der Stadt" gegründete Gesellschaft ist für einige Einrichtungen und heutige Sehenswürdigkeiten Dublins verantwortlich. Die RDS tritt auch als Ausrichterin der alljährlich auf ihrem Gelände stattfindenden Spring Show und **Dublin Horse Show** auf – wenn in Dublin wichtige Leute aufeinandertreffen, riecht es meistens nach Pferdemist. Man streife durch die Seitenstraßen und bewundere die Wohnhäuser.

Zu Fuß gelangt man in 15 Minuten zum 4 Kilometer langen Strand von **Sandymount**. Zum Baden ist das Meer hier aber zu brackig. Der weite Blick über die versandende und wattartige Bucht trifft zur Linken auf die Anlagen des Dubliner Hafens. Zur Rechten erblickt man mal wieder einen Martello-Turm. Der Roman Ulysses ist an dieser Stelle geboren worden: Autor James Joyce und seine Verlobte Nora Barnacle trafen sich hier zu ihrem ersten Rendez-Vous. Wann? Na, am 16. Juni 1904, dem heutigen Ulysses-Tag, der Tag, an dem der Roman spielt. Der Strandspaziergang mit Nora muß den Schriftsteller ungemein inspiriert haben.

Auf dem weiteren Weg nach Süden passiert man das Vogelschutzgebiet Booterstown, an dessen Rand immerzu Hobbyornithologen herumlungern. Der anschließende Küstenvorort heißt Blackrock, einst ein kleines Seebad, heute ein reines Wohngebiet mit Blick aufs Meer und einem kleinen Bootshafen. In den achtziger Jahren störte ein Spekulantenskandal die Ruhe der Bewohner von Blackrock: Lange Kolonnen von Demonstranten zogen von der City aus zum Frescati House, das im 18. Jahrhundert von Lord Edward FitzGerald, ein Führer der United Irishmen, bewohnt worden war. Der Protest blieb vergebens, das Herrenhaus wurde dem schnöden Mammon zuliebe abgerissen und durch ein Einkaufszentrum ersetzt.

Die drei Kilometer weiter gelegene Hafenstadt **Dun Laoghaire** ist mit 25.000 Bewohnern die zweitgrößte Stadt im County Dublin und recht stolz auf ihre Eigenständigkeit, obwohl sie faktisch zum Großraum Dublin gehört (und dort stur als Vorort bezeichnet wird). Der Hafen wird ringförmig von zwei großen Piers umrahmt. An Sonntagen scheint die halbe Grafschaft auf diesen Mauern zu promenieren – das Hafenbecken ist größer als die Stadt.

An diesen Molen legen auch die Autofähren nach Holyhead /Wales ab, weil es der kürzeste Seeweg nach Großbritannien ist.

Der Hafen von Kingstown (so hieß Dun Laoghaire unter den Engländern) war 1842 als mögliche Alternative zu Dublin Harbour fertiggestellt worden, weil man damals noch nicht sicher war, der Versandung an der Liffey-Mündung Herr zu werden. 1834 entstand zwischen Dublin und Dun Laoghaire die erste Eisenbahnstrecke Irlands, was viele Angehörige der Oberschicht bewog, hierhin umzuziehen. So strahlt das Städtchen immer noch eine gewisse Distinguiertheit aus, die in den victorianischen Häusern an den terrassenförmig ansteigenden Hügelstraßen landeinwärts ins Auge fällt. Der Ortskern von Dun Laoghaire kann sich sehen lassen: feine Geschäfte, gepflegte Straßenzüge und lange, sehr lange, efeubewachsene Mauern an den Privatgrundstücken entlang. Berühmt ist der Martello Tower an der Bootsanlegestelle von Sandycove, einen Kilometer südlich des Hafens: Hier spielt das erste Kapitel des Romans Ulysses, in diesem zugigen Bau lebte der junge James Joyce tatsächlich eine Zeitlang mit seinem Freund Oliver St. John Gogarty in einer Art Jugendstil-Wohngemeinschaft zusammen. Der Martello-Tower beherbergt seit 1962 das James Joyce Museum (siehe Kapitel „Ulysses – Das Dublin des James Joyce"). Unweit des Towers, auf der anderen Straßenseite, liegt die felsige Badebucht Forty Foot, an der noch bis vor kurzem das Gebot „Gentlemen only" galt.

Countryside und Seaside

Die weitere Umgebung von Dublin hat viele lohnende Ziele für einen Tagesausflug im Angebot. Wer nicht die Zeit für eine komplette Irlandreise aufbringt, kann sich durchaus von Dublin aus ein repräsentatives Bild der grünen Insel machen. Hochmoore, Seebäder, Strände, Fischerdörfer, abgelegene Täler, ländliche Herrensitze, historische Ruinen – alles im Umkreis von 60 Kilometern. Falls solche Touren mit öffentlichen Verkehrsmitteln oder per Fahrrad angegangen werden, sollte man für unterwegs ruhig eine Übernachtung einplanen, um sich Zeitdruck zu ersparen. Ausnahmen bilden die Orte Bray und Dalkey: Sie liegen noch an der Strecke der Dubliner DART-Bahn und sind in 40 Minuten zu erreichen.

Mit dem PKW kann man die im folgenden beschriebenen Ziele auch als gemächliche Tour für jeweils einen Tag planen. Touristische Alternative: Das Irish Tourist Board in der O' Connell Street veranstaltet täglich unterschiedliche Busrundfahrten zu den Sehenswürdigkeiten außerhalb Dublins; je nach Entfernung dauern sie fünf bis zwölf Stunden.

Dalkey

Über kurvige Hügelstraßen an felsiger Küstenlinie entlang – in **Dalkey** ist die Kleinstadtwelt noch in Ordnung. Der zwei Kilometer südlich von Dun Laoghaire anschließende Villenort ist bevorzugtes Domizil der Oberschicht von County Dublin. Wer an den oberen Hängen wohnt (die Dublin Mountains erstrecken sich bis an der Strand), hat es zu etwas gebracht und kann sich nicht über Mangel an Panorama und frischer Luft beschweren: Dublin, die Bay, die Wicklow Mountains. Man hat das Gefühl, daß einem Irland zu Füßen liegt. Der Ort selbst und seine traumhafte Lage sind die Sehenswürdigkeiten, ansonsten gibt es hier nichts besonderes von Interesse. Von der Anlegestelle Coliemore Harbour legen im Sommer Boote Richtung **Dalkey Island** ab, auf der sich ein Vogelschutzgebiet, ein Martello Tower und die Ruinen einer alten Benediktiner-Kirche befinden. George Bernhard Shaw verbrachte einen Teil seiner Jugend im Torca Cottage auf dem Dalkey Hill. Das Haus ist aber nicht der Öffentlichkeit zugänglich. Auffällig viele Straßen in Dalkey haben süditalienische Ortsnamen; wahrscheinlich dachte man um die Jahrhundertwende, dies sei die irische Antwort auf die Bucht von Neapel. Aussichtsmäßig haut das sogar hin.

Den besten Blick wirft man vom parkartig bewachsenen Killiney Hill am Südende der Stadt. Am Gipfel steht ein ästhetisch fragwürdiger Obelisk, der 1742 im Rahmen einer öffentlichen Arbeitsbeschaffungsmaßnahme errichtet wurde. Der Blick nach Süden reicht bis zur Landspitze Bray Head; im Norden, am anderen Ende der Bay, kann man die Halbinsel Howth sehen. Am Fuß des Hügels beginnt Killiney Strand, der längste und schönste Strand im Großraum Dublin.

Glendalough in den Wicklow Mountains

Bray

Wer angesichts der betonierten Strandpromenadenkünstlichkeit britischer Seebäder morbides Behagen empfindet, muß unbedingt nach **Bray** weiterfahren (südliche Endstation der DART, bereits im County Wicklow). Die Straße nach Bray verläßt im Dorf Loughlinstown die Küste und führt über die Ausläufer der Wicklow Mountains kommend in das alte Seebad, das seine große Zeit längst hinter sich hat. Analog zum englischen Blackpool, wenn auch um eine Nummer bescheidener, reiht sich hier Spielhölle an Spielhölle; man hat die Wahl, den Rest des Tages an Daddelautomaten oder an der meistens nicht überlaufenen Uferpromenade zu verbringen. Noch bis vor 20 Jahren traf sich hier toute Dublin zur Sommerfrische, aber das ist vorbei. Der am Südende der Bucht aufragende Felsvorsprung Bray Head ist in eineinhalb Stunden erklettert. Mit dem Bus Nr. 84 oder mit dem PKW könnte man nun noch das 7 Kilometer südlich gelegene Fischerdorf Greystones besuchen, ansonsten: zurück nach Dublin oder rauf in die Wicklow Mountains.

Wicklow Mountains

Die Wicklow Mountains erstrecken sich 20 bis 70 Kilometer südwärts von Dublin. Charakteristisch sind die von Eiszeitgletschern tief ausgewaschenen Täler zwischen den Bergen. Dieses Mittelgebirge ist dünn besiedelt und besitzt somit ausgesprochen einsame Gegenden. Wildromantische Wasserfälle, Schlösser und uralte Klöster, Hochebenen und klare Gebirgsseen machen die Wicklow Mountains zu einem Reisegebiet für sich.

Beliebtestes Ziel sind die Klosterruinen im schönen Tal von **Glendalough** ganz im Süden der Wicklow Mountains. Der Heilige Kevin soll die keltische Mönchssiedlung im Jahr 545 gegründet haben. Wahrzeichen der Anlage ist ein 30 Meter hoher Rundturm mit Spitzdach. Das Kloster stand bis ins Spätmittelalter für eine Frömmigkeit, die auf Meditation und Weltabgewandtheit basierte. Die Mönche führten ein karges Eremitendasein und entzogen sich lange dem Zugriff der römischen Obrigkeit. Die meisten noch existierenden Gebäude stammen aus dem 9. bis 12. Jahrhundert. Im Visitor Center (geöffnet bis 17 Uhr) steht ein Modell des kompletten Klosters, wie es wohl bis 1348 ausgesehen haben könnte. An sommerlichen Wochenenden wird es ziemlich voll an diesem Ort. Über einer Klippe des angrenzenden Sees liegt St. Kevin's Bed, eine flache Höhle, in die sich der Gründer des Klosters zwecks Einsiedelei zurückzog.

Das größte Gewässer der Wicklow Mountains ist das Poulaphouca Reservoir südlich der Stadt Blessington (an der Straße N 81). Es ist der gute, alte Liffey, der hier unweit seiner Quelle zum See gestaut wird und Dublin mit Wasser versorgt. Hauptattraktion ist das zwei Kilometer vom Ort entfernte Russborough House, eines der größten Schlösser Irlands (über 200 Meter breit). Der 1745 erbaute und noch bewohnte Herrensitz kann von Juni bis August täglich besichtigt werden. Die Inneneinrichtung ist im Stil des 18. Jahrhunderts möbiliert. Russborough House gehört im übrigen zu den Lokalitäten der sommerlichen Veranstaltungsreihe „Music Festival of Great Irish Houses" (siehe Kapitel „Renaissance der Salonkultur").

Wen es nach wilder Natur dürstet, der sei auf das Devil's Glen in der Nähe des Städtchens Ashford (nahe bei Wicklow) verwiesen. Ein Pfad führt an den Rand einer Felsenschlucht, in die sich ein Wasserfall ergießt. Ein weiterer Wasserfall namens Powerscourt Waterfall, mit 124 Metern Fallhöhe der größte Irlands, stürzt sich 5 Kilometer vom Ort Enniskerry auf dem Parkgrundstück des 1974 niedergebrannten Schlosses Powerscourt in die Tiefe. Im nahe gelegenen Dorf Glencullen befindet sich eine der populärsten Ausflugskneipen der Dubliner: das Fox's. Mehrere Schankräume mit Kaminfeuer, ein hervorragendes Restaurant mit Schwerpunkt Meeresfrüchte und jeden Abend irische Musik machen diesen Pub zum gelungenen Abschluß einer Wicklow-Tour.

Das Gebiet um Sally Gap (an der R 759) ist einsames und mooriges Hochland, in dem immer noch Torfziegel gestochen werden. Im benachbarten Tal des Glencree befindet sich ein kleiner deutscher Soldatenfriedhof. Irland war zwar im Zweiten Weltkrieg neutral, doch einige versprengte deutsche Piloten und U-Boot-Fahrer hauchten an Irlands Küste ihr Leben aus.

Charles Stewart Parnell, protestantischer Gutsbesitzer, Abgeordneter im englischen Parlament und Irlands bedeutendster Politiker im 19. Jahrhundert (siehe Kapitel „Home Rule oder Rebellion"), bewohnte das Herrenhaus von Avondale im lieblichen Flußtal von Avoca im äußersten Südosten der Wicklow Mountains. Das unaufdringliche-elegante Anwesen ist heute ein Museum über das Leben und Wirken des Patrioten Parnell.

Für Rucksackfans gibt es eine 124 Kilometer lange, kartographierte Wanderstrecke, den Wicklow Way, der vom Dubliner Süden aus durch den östlichen Teil des Gebirges verläuft. Der Weg führt über Stock und Stein und verlangt Wanderbekleidung höheren Grades, aber keine Kletterausrüstung. Nähere Informationen, auch über Jugenherbergen am Weg, erteilt das Tourist Office.

Malahide

15 Kilometer nordöstlich der Dubliner Innenstadt liegt das Küstenstädtchen Malahide (erreichbar mit dem Zug von Connolly Station aus oder mit dem Bus Nr. 42). Ist man mit dem Auto unterwegs, läßt sich eine Fahrt nach Malahide mit dem obligatorischen Ausflug zur Halbinsel Howth kombinieren.

Hauptattraktion des pittoresken Ortes ist Malahide Castle, eines der schönsten Schlösser um Dublin. Das efeubewachsene, burgähnliche Gemäuer befand sich von 1185 bis 1976 durchgängig im Besitz der anglo-normannischen Familie der Talbots und ging dann in Staatsbesitz über. Nur das dreigeschossige Turmhaus stammt noch aus dem 12. Jahrhundert, der Rest ist später angebaut worden. Die mittelalterliche Ritterhalle beherbergt neben einer Ahnengalerie Teile der Nationalen Porträtsammlung. Malahide Castle ist von einem riesigen Schloßpark und botanischen Gärten umgeben, in denen kurioserweise eine Sammlung von Modelleisenbahnen ausgestellt ist.

Im Tal des Boyne

Nordwestlich von Dublin erstreckt sich das friedlich anmutende Gras- und

Weideland des County Meath. Zum River Boyne hin, erreichbar über die Landstraße N 2, fällt das Gelände flach ab. An diesem Fluß, etwa bei Oldbridge zwischen Newgrange und Drogheda, entschied sich am 1. Juli 1690 (nach dem neuzeitlichen Kalender am 12. Juli) das Schicksal des katholischen Königs James (Jacob) II., als er vom Heer des protestantischen Oraniers William besiegt wurde. Diese Niederlage besiegelte für die darauf folgenden 231 Jahre die britische Herrschaft über Irland (siehe Kapitel „Die Krone bezwingt die Harfe"). König James floh nach dem Disaster erst nach Dublin und dann über Waterford nach Frankreich.

Ebenfalls bei Newgrange, weiter westlich, fand man die drei Hügelgräber Brugh na Boinne aus der Jungsteinzeit. Die verschütteten und überwucherten Grabhügel von Knowth und Dowth sind noch wegen archäologischer Ausgrabungsarbeiten für die Öffentlichkeit gesperrt; der eineinhalb Kilometer entfernte Tumulus von Newgrange dagegen (am Nordufer des Boyne) ist freigelegt, restauriert und zugänglich. Ein 19 Meter langer Gang führt in die Grabkammer des 13 Meter hohen und 80 Meter breiten Hügels, der aus aufgeschichteten, grob behauenen Steinen und einer Grasnarbe besteht. Ähnliche Steinmonumente gibt es in England, in der Bretagne und auf Malta.

Über der Grabkammer wölbt sich eine fast sieben Meter hohe Kuppel. Die Anlage wurde von Irlands unbekannten Ureinwohnern um 3.200 v. Chr. errichtet. 250.000 Tonnen Gestein wurden dafür bewegt. Die Gräber sind im Laufe der Jahrtausende geplündert worden, so daß man nicht viel von ihrem einstigen Inhalt weiß. Die Forscher vermuten aber, daß fünf Verstorbene, Häuptlinge oder Druiden, im Hügel beigesetzt worden waren.

Auf der N 51 Richtung Navan, Hauptstadt der Grafschaft Meath, passiert man das Slane Castle. Das Grundstück des im 18. Jahrhundert gebauten Schlosses war in den letzten Jahren mehrfach Stätte großer Rockkonzerte unter freiem Himmel.

Weiter westlich liegt Irlands größte und schaurigste Burgruine: Das fast komplett erhaltene Trim Castle stammt aus normannischer Zeit und vermittelt besonders im Abendlicht den unheimlichen Eindruck von Macht und Gewaltherrschaft. Die trutzige Festung und ihre Vorburg ist von einem zehn Meter breiten Wassergraben umgeben. Ein Normanne, Hugh de Lacy, hatte die Burg 1172 bauen lassen. Der Engländer Oliver Cromwell eroberte sie 1649; seitdem ist Trim Castle unbewohnt. Es finden zur Zeit Restaurierungsarbeiten statt.

Fährt man über die N 3 zurück nach Dublin, sieht man unvermittelt den grasbewachsenen **Hill of Tara** aus der Ebene aufragen. In der Epoche der keltischen Könige war dies jahrhundertelang das Zentrum der politischen und geistigen Macht in Irland. Hier wurden die Hochkönige gekrönt, hier fand bis zur Eroberung durch die Normannen alle drei Jahre die Versammlung der Kleinkönige und Clanhäuptlinge statt, das „feis". Die Anlage bestand aus mehreren Hügeln und Erdwällen, auf denen hölzerne Burgen und Opferstätten standen, von denen aber außer einer Steinsäule nichts übrig blieb. Eine Hinweistafel am Tara-Hügel erläutert die Einzelheiten. Auf der Spitze steht eine neuzeitliche Statue des heiligen Patrick.

1843 rief der Bürgerrechtler und Bürgermeister von Dublin Daniel O' Connell eine Million (!) Menschen nach Tara, um vor diesem Symbol irischer Eigenstaatlichkeit friedlich gegen die britische Fremdherrschaft zu demonstrieren. Die Versammlung ging als „Monster Meeting" in die Geschichte ein.

Zurück nach Dublin sind es knapp 40 Kilometer.

„Ich setze auf..." – Sport in Dublin

Den Sports- und Wettgeist haben die Iren sich von den Engländern abgeschaut und um einige Besonderheiten ergänzt. Die Abend- und Sonntagszeitungen verfügen über umfangreiche Sportressorts, in denen auch Ergebnisse aus der Provinz detailliert berichtet werden. Wettbüros scheint es an jeder Straßenecke zu geben. Besonders Pferdenarren kommen in und um Dublin auf ihre Kosten – kein Wochenende ohne Rennen.

Apropos Pferde: In den letzten Jahren hat sich ausgerechnet in den engen Vororten das Hobby der Pferde- und Ponyhaltung breitgemacht. Viele Dubliner besitzen als Prestigeobjekt oder als Beschäftigung für die Kinder einen eigenen Gaul. Selbst die Armen können sich im Pferdeland Irland ein wieherndes Haustier leisten; für entsprechend artgerechte Unterbringung fehlt allerdings häufig das Geld, so daß die Tiere dann im Hinterhof oder einfach in der nächsten Baulücke herumstehen und auf gelegentliche „Ausritte" durch den Großstadtdschungel warten. Die Behörden sind über dies ganz und gar illegale Tun entsetzt, haben aber noch kein Mittel dagegen gefunden. Reiben Sie sich also nicht allzu verwundert die Augen, wenn Sie am hellichten Tag johlende Kinder über die Straßenkreuzung gallopieren sehen. Als Autofahrer müssen Sie sich in acht nehmen.

Variationen zum Thema Ball

Der Ballspiele sind viele in Irland: Von den Briten übernahm man Rugby und Fußball, aus der eigenen Tradition heraus entwickelte man Hurling und Gaelic Football. Große Spiele, darunter auch die Finalbegegnungen der Landesmeisterschaften, finden entweder im Landsdowne-Stadion im Stadtteil Ballsbridge oder im Croke Park am Royal Canal statt.

Hurling ist ein schneller Mannschaftssport, der angeblich noch aus gälischer Zeit stammt . Wiederentdeckt (bzw. neu erfunden) wurde er erst gegen Ende des 19. Jahrhunderts, als die Gaelic Athletic Association (GAA) ins Leben gerufen wurde, um auch im Sport „nationale" Akzente zu setzen. Unkundige halten das kraftvolle Spiel zunächst für eine Art verletzungsträchtiges Freistil-Rasenhockey. Die beiden jeweils 15köpfigen Mannschaften treten auf einem 160 mal 90 Meter großen Feld an und müssen mit Eschenholzschlägern, aber auch mit Händen und Füßen, einem kleinen Lederball nachjagen. Die zweimal 30 Minuten sind äußerst kurzweilig. Hurling wird aber eher in ländlichen Gegenden als in Dublin gespielt.

Gaelic Football sieht aus wie eine Mischung aus Rugby, Fußball und Handball, ist aber älter als diese Sportarten und kann in Dublin bis zu 90.000 Menschen ins Stadion locken. Der Ball ist rund (im Gegensatz zum Rugby-Ei) und kann mit allen Körperteilen durchs gegnerische Mal getrieben werden. Taktisch gesehen geht es, jedenfalls mit kontinentaleuropäischen Augen betrachtet, rasant und verwirrend zu. Das Spiel wird weiträumig gespielt, so daß es nur selten zu Menschenknäueln kommt, wie man sie von Rugby und

American Football her kennt. Brachialer Körpereinsatz ist Trumpf, viele Mitspieler müssen daher innerhalb der zweimal 40 Minuten ausgewechselt werden.

Der europäische Fußball („Soccer") schickt sich an, allmählich die erste Sportart Irlands zu werden. Die irischen Profis spielen aber fast alle in ausländischen Klubs, hauptsächlich in Großbritannien. Als das irische Team bei den Europameisterschaften 1988 in Deutschland 1:0 gegen Erzfeind England gewann, ging ein Ruck durch ganz Irland und verhalf der landesfremden Sportart zu großer Popularität.

Kenner behaupten, die grüne Insel sei ein einziger Golfplatz. Das ist sicher übertrieben, aber in und um Dublin gibt es 25 Anlagen für diesen bei uns so noblen Sport, der aber in Irland relativ weit und unaristokratisch verbreitet ist. Die jährlich im Juni stattfindenden Irish Open werden inzwischen auch in Deutschland live übertragen. Wenn Sie Golfer sind und während ihres Dublin-Aufenthaltes unter Entzugserscheinungen leiden, rufen Sie bei der Golfing Union of Ireland an (Eglington Road, Tel. 2694 111). Dort wird man ihnen sagen, wo Sie für 10 bis 30 Pfund pro Tag den Schläger leihen und schwingen können. Werktags stehen die Chancen dafür am besten. Viele Plätze liegen in ausgesucht schöner Landschaft; der international renommierteste liegt beim Dorf Portmannock nördlich von Dublin.

Hunde und Pferde

Wahre Leidenschaft entwickeln die Dubliner bei den zahlreichen Pferderennen, die das ganze Jahr über auf den Rennplätzen des Großraums Dublin stattfinden. Der wichtigste „Raceground" ist Leopardstown bei Foxrock, 10 Kilometer südlich von Dublin. Die Rennbahn im nahen Phoenix Park ist zur Zeit geschlossen. Die großen Veranstaltungen sind Bestandteil des internationalen Rennkalenders, dessen Terminplan man überall auf der Welt beim nächsten Wettbüro erfährt.

Selbst Pferdemuffel sollten ruhig mal einen Sonntag bei so einem Rennen verbringen, um die Atmosphäre auf den Zuschauerrängen und an den Wettschaltern zu genießen. So viele Dubliner Originale auf einem Haufen wie an der Rennbahn bekommt man selten zu sehen.

Das gilt erst recht für Windhundrennen, die bei uns Mitteleuropäern einen eher skurrilen Eindruck hinterlassen. Tausende von Dubliners pilgern montags, mittwochs und samstags zum „Shelbourne Greyhound Race Course" im Stadtteil Ringsend (südöstliches Hafengebiet) oder dienstags und donnerstags zum Rennplatz an der südlichen Ausfallstraße Harolds Cross. Bei dieser Sportart geben sich die Akteure weniger elitär; wer will, bekommt leicht ungezwungenen Kontakt zu den „Rennställen".

Praktische Reiseinformationen

Shopping und Dining

Wenig Haute Cuisine, aber...
Nein, die irische Küche ist nicht weltberühmt. Bis in unser Jahrhundert hinein war das Land zu arm, um kulinarische Raffinesse zu entwickeln. Außerdem stand man lange genug unter dem Einfluß der Briten, die ja auch nicht gerade einen Ruf als Meisterköche besitzen. Die Haute Cuisine hat in Irland keine Tradition. Dies erstaunt eigentlich, weil Irland reichlich über frische Rohprodukte verfügt: Seefisch, Lachs, Forelle, Hummer, Muscheln, hochwertiges Fleisch von Rind, Schwein und Lamm, Kartoffeln, Milchprodukte, Farmerkäse etc.

So gibt es auch kaum typisch irische Gerichte. Zu nennen wäre da Irish Stew, ein Eintopf auf Hammelfleischbasis – es ernährt den Mann, zugegeben. Schmackhaft ist das irische Brown Bread aus Vollkornschrot, eine echte Alternative zu dem ansonsten allgegenwärtigen und knetbaren Weizentoastbrot. Lachs (Salmon), gegrillt oder geräuchert, ist zwar keine irische Erfindung, aber weit verbreitet und lecker.

In den Supermärkten findet man alles, was es auch bei uns gibt; Selbstversorger werden also zurecht kommen. Spannend wird's dagegen, wenn man auswärts essen gehen mochte – bis vor 15 Jahren taten die Iren dies meist nur bei besonderen Anlässen. Weil sich das inzwischen gründlich geändert hat, schossen Restaurants aller Kategorien wie Pilze aus dem Boden von Dublin: Amerikanische Fastfood-Ketten, Fisch-and-Chips-Buden, Restaurants nach italienischer, mexikanischer, französischer, chinesischer oder sonstwie ethnischer Art sowie unzählige Coffeeshops mit kleiner Küche. Selbst altehrwürdige Kneipenbetreiber bieten jetzt allmählich Warmgerichte (Pub Grub) an.

Leider gibt es in Dublin keinen kausalen Zusammenhang zwischen Ambiente, Preisniveau und Qualität eines Eßlokals: In den scheinbar edelsten Läden kann man Würzlos-Verkochtes vorgesetzt bekommen, während so manches improvisierte Schnellrestaurant einfach, aber lecker kocht. Die wenigen, richtigen Spitzenrestaurants aber sind noch teurer als auf dem Kontinent – Menüpreise ab 30 Pfund.

Weitgehend standardisiert ist das Irish Breakfast, das wiederum englischer Herkunft ist: Orangensaft, Tee (auf Wunsch auch Kaffee), gebutterte Toasts, Marmelade, Cornflakes, Rühreier (scrambled eggs), dazu gebratener Speck (fried bacon) und gebratene Würstchen (sausages). Der von den Schotten geerbte porridge (heißer Haferschleim) ist gottlob auf dem Rückzug. Alles in allem ein Frühstück, das garantiert bis zur Mittagszeit oder länger vorhält.

In der Innenstadt gibt es in Temple Bar und in der **St. Andrew Street** eine gewisse Konzentration von Restaurants. Wenn man hier bummeln geht, einen Blick durch die meist unverhängten Fenster wirft und die aushängenden Speisekarten studiert, wird man schon etwas passendes finden. Das Zeichen RAI der Irischen Restaurantvereinigung weist auf einen gewissen

Qualitätsstandard hin. Die großen Hotels verfügen fast alle über eigene und gute Restaurants; die Atmosphäre ist im allgemeinen leger und ungezwungen.

Wer tagsüber auf kultureller Besichtigungstour ist, befindet sich auf der sicheren Seite: Viele Museen und öffentliche Galerien haben eigene Schnellrestaurants und Coffeeshops für ihre Besucher. Qualität, Preise und Ambiente gehen in Ordnung.

Noch ein paar Besonderheiten in puncto Restaurantbesuch: Viele Läden sind sonntags geschlossen. In nicht allen Restaurants bekommt man Bier und Whiskey (wohl aber Wein), weil die Wirte dafür wie die Pubs eine Schanklizenz benötigen. Die Speisekarte (im englischen menu) muß laut Gesetz samt Preisen draußen aushängen. Die Bedienung ist nicht immer im Preis eingeschlossen; der entsprechende Hinweis lautet „service included" oder „service charged").

Dublins Restaurantkultur ist zur Zeit im Aufbruch begriffen, allerdings auf noch unsicherem und schlingerndem Kurs. Die in der folgenden, natürlich unvollständigen Liste aufgeführten Läden könnten bereits zum Zeitpunkt der Lektüre dieses Buches ihren Charakter geändert haben. Die Anzahl der beigefügten Sternchen (*) hat nichts mit den Wertungen bekannter Führer zu tun, sondern ist als ungefähre Orientierung nach Preisniveau zu verstehen. Basis ist ein Menü für eine Person (ohne alkoholisches Getränk). Kneipen, die Mahlzeiten anbieten, sind hier nicht aufgeführt (siehe Kapitel „Pubs").

*	bis 5 Pound
**	bis 10 Pound
***	bis 20 Pound
****	über 20 Pound

(bei Schnell- und Selbstbedienungsrestaurants sind keine Telefonnummern aufgeführt)

Ayumi-Ya. Newpark Centre im Vorort Blackrock. Japanisch mit allem drum und dran. (Tel. 6620 233) ****

Bad Ass Café. 9-11 Crown Alley. Neonüberflutete Abfütterungshalle für jugendliche Rockmusikfans. Im Auge des Nachtleben-Hurrikans gelegen. Reichliche Portionen (auch Steaks) zum Sattwerden. **

Beshoff's. Filialen in der Westmoreland Street und in der O' Connell Street. Traditionsreiches Schnellrestaurant für Fischfans. Die Filiale in der Westmoreland Street schmeckt um eine Klasse besser und verfügt über nachgemachtes Art-Déco-Ambiente. *

Bewley's Cafés. Grafton Street, South Great George's Street und Westmoreland Street. Große Kaffeehaus-Kette, neuerdings mit Schnellrestaurants, die dennoch Flair haben. Mit eigener Bäckerei. **

Burdock's. Werburgh Street (nähe Christ Church Cathedral). Einer der besten Fish'n Chips von Dublin (Familienbetrieb). Selbstgemachte Fritten, große Fischauswahl. Geheimtip. *

Chapter One. 18/19 Parnell Square. Prätentiöserweise im „**Dublin Writer's Museum**". Gehobenes Niveau. (Tel. 8732 266) ***

Cedar Tree. 11a Andrew Street. Laut Karte libanesische Küche. Orientalische Einrichtung. (Tel. 6772 121) ***

Eastern Tandoori. 35 South William Street. Indische Küche. Hervorragend. (Tel. 6710 506) ***

Fitzer's. In der National Gallery am Merion Square. Edler Selbstbedienungsladen. Auch Vollwertkost im Angebot. **

Gallagher's Boxty House. 20-21 Temple Bar. Endlich mal ein irisches Restaurant. Folkloristische Einrichtung. Oft kein Tisch mehr frei. Zwanglose, kommunikative Atmosphäre, eher rustikales Essen. (Tel. 6772 762) **

Galligans. Merrion Row und Westmoreland Street. Modern, aber nicht kalt. Internationale Küche. (Tel. 6765 955 u. 6798 849) **

Jury's Hotel & Tower's / Coffee Dock. Pembroke Road. Zwei Restaurants im gleichnamigen Spitzenhotel im Stadtteil Ballsbridge. Besonderheit: Das „Coffee Dock" ist bis 4.30 Uhr morgens geöffnet. (Tel. 660 5000) ****

Kilkenny Kitchen. Nassau Street. Im 1. Stock. Betriebsames Selbstbedienungsrestaurant. Dafür annehmbare Qualität. **

Kingsland. 15 Dame Street. Dienstältestes China-Restaurant in Dublin. Ruhige Atmosphäre. (Tel. 6798 286) ***

Le Caprice. 12 **St. Andrew Street**. Etabliertes Haus, schöne Einrichtung, italienisches Essen. (Tel. 6794 050) ***

Le Coq Hardi. 36 Pembroke Road. Französische Küche, Spitzenweine. Gediegen. (Tel. 6684 130) ****

Les Frères Jacques. 74 Dame Street. Alteingesessener Franzose mit gutem Ruf. (Tel. 6794 555) ***

McDonald's. O' Connell Street und Grafton Street, mehrere Filialen in den Vororten. Ohne Kommentar. *

Old Dublin. 91 Francis Street, im Stadtteil Liberties. Russische und nordische Küche, überwiegend Meeresfrüchte. Heimelige Atmosphäre. (Tel. 4542 028) ****

Trocadero. 3 South Andrew Street. In-Lokal für Kulturbeflissene. (Tel. 6775 545) ***

White's on the Green. 119 St. Stephen's Green. Ganz edel. ****

Winding Stair Bookshop and Café. 40 Lower Ormond Quai. Suppen und Sandwiches in antiquarischer Umgebung. Billig-gemütlich und eine tolle Aussicht auf den Fluß. Das richtige für unterwegs. *

Kaufen

Was lohnt in Irland die Mühsal, zu kaufen und heimzuschleppen? An erster Stelle stehen Woll- und Tweedprodukte, die hier etwas preiswerter sind als in Deutschland und auf jeden Fall in größerer Auswahl angeboten werden. Besonders bei Pullovern kann man schöne Stücke erwerben. Das gleiche gilt für Anglerausrüstung und Schlechtwetterbekleidung (1a Wachsjacken, aber ohne Trendaufschlag wie bei uns!). Berühmt sind auch Glaswaren aus Waterford-Crystal sowie Keramik. Silberschmuck im keltischen Stil ist beliebt, man muß aber zwischen Kitsch und Kunst unterscheiden. Generell gilt: Je „typischer" ein Geschäft aussieht, desto teurer und touristenorientierter wird die Ware sein. In Allerweltsläden und Kaufhäusern kommt man am besten weg. Irischen Whiskey kriegt man auch überall in Deutschland, jedoch nicht immer in so großer Auswahl. Preislich unschlagbar ist auf diesem Gebiet der Duty-Free-Shop im Flughafen, wenn Sie also mit dem Flieger abreisen. . .

Internationale Gebrauchsgüter wird man in Irland nicht billiger oder besser bekommen als in Deutschland, heften sie den Blick also auf Dinge, die es bei uns in dem Maße nicht gibt.

Schallplatten und CD's: Das Angebot an Rockmusik ist weltweit identisch. Wenn Sie aber ein Freund der Irish Traditional Music sind, finden Sie in den Dubliner Plattenläden Bands und Solisten, die man außerhalb Irlands nicht hören kann. Darauf spezialisiert sind Claddagh Records in der 2 Cecilia Street und Gael Linn am 26 Merrion Square. Irische Musikinstrumente (Harfen, Dudelsäcke, Bodhrans u. ä.) findet man bei Walton's in 69 South Great George's Street.

Die dichteste und feinste Einkaufsgegend ist die Grafton Street und ihre Nachbarstraßen, von denen besonders die parallele Dawson Street mit ihren Designerläden einen Bummel lohnt. Kaufhäuser und Fachgeschäfte aller Art sind in dieser Gegend konzentriert.

Ein Plädoyer am Rande: Wie sonst auch in Europa, sind in Irland die Tante-Emma-Läden weitgehend von Supermärkten verdrängt worden. Früher betrieben sogar viele Pubs gleichzeitig Lebensmittelverkauf. Doch aus Gründen, die kein Marktforscher vorhersehen konnte, sind diese kleinen, beinahe ausgestorbenen Lebensmittelgeschäfte in Dublin zu neuem Leben erwacht. Auf kleinstem Raum verkaufen sie wieder Milch, Käse, Fleisch, Brot, Gemüse, Obst, Süßigkeiten, Zigaretten, Zeitungen und sonstige Dinge des täglichen Bedarfs. Erkennbar sind sie meistens an dem Hinweisschild „Grocery" oder auch „Newsagent". Hinter der Theke ist oft eine ganze, vielköpfige Familie bemüht, die zurückgewonnenen Kunden zufriedenzustellen. Warum das auch preislich einigermaßen funktioniert, scheint noch ein Rätsel. Vielleicht steht Dienstleistung wieder im Kurs. Manche dieser neuen „Shopkeeper" kaufen direkt bei den Farmern des Umlandes ein.

Doch hier eine Liste der größeren Konsumtempel:

Royal **Hibernian Way**. Dawson Street. Einkaufspassage mit vielen exklusiven und eleganten Boutiquen.

Powerscourt Townhouse Centre. Grafton Street. Ehemaliges Herrenhaus, zu einem Kaufhaus umgebaut. Überdachter Innenhof mit Restaurants. Auffällig viele Kunsthandwerksläden und Antiquitätenhändler.

St. Stephen's Green Centre. Am oberen Ende der Grafton Street. Das größte Kaufhaus Irlands. Die weiße Eisengitterfassade erinnert an Jugendstil, stammt aber aus den 1970er Jahren, die Postmoderne läßt grüßen. Drinnen gibt es alles. Die Innenkonstruktion ist sehenswert, selbst wenn man nicht shoppen möchte: Um die zentrale Halle gruppieren sich auf jeder Etage herumführende Wandelgänge, an denen die Einzelhandelsgeschäfte liegen. Stahlbrücken führen auf die andere Seite.

Clery's. O' Connell Street. Gegenüber dem **General Post Office**. Ältestes Kaufhaus Dublins. Charmantes Etablissement.

Tower Design Centre. Pearse Street, Ecke Grand Canal Quay. Ehemalige Zuckerfabrik, in der nun 30 Kunsthandwerksbetriebe untergebracht sind. Werkstätten und Läden, in denen man sogar Kurse belegen kann. Glas, Keramik, Strickwaren, Schmuck, Seide u. ä. mehr. Originelle Idee, entzückendes Ambiente.

Kilkenny Design Centre. Nassau Street. Gemeinsames Vertriebszentrum von 400 Künstlern und Kunsthandwerkern.

Stöbern

Es wimmelt in Dublin von Geschäften, die vom Handel mit Uralt-Dingen leben. In solchen Läden kann man lustvoll wühlen und mit den Inhabern oder mit anderen Kunden fachsimpeln. Unter dem Schrott der Generationen lauern ja vielleicht Schätze – man erfährt auf jeden Fall eine Menge über die Kultur- und Alltagsgeschichte der Dubs.

Im renovierten Bezirk Temple Bar gibt es jede Menge Second-Hand-Läden für Textilien und Schallplatten. Das meiste Zeug ist für jüngere Leute interessant. Im Stadtteil Liberties, südwestliche City, gilt die Francis Street als Mekka für alle Fans von Antiquitäten. Alte Möbel und Ölschinken, Bilderrahmen und Kunstgewerbliches aus vergangenen Epochen liegen in den Schaufenstern. In der benachbarten Thomas Street haust das An- und Verkaufsgewerbe unter freiem Himmel oder in alten Kellergeschäften. Um den Trödel darf gefeilscht werden. In den victorianisch anmutenden Hallen der South City Markets an der South Great George's Street ballen sich lautstark wieder Second-Hand-Geschäfte und improvisierte Straßenstände. Ein Laden namens Jenny Vander preist Mode aus den zwanziger Jahren an. Die Händler am Mother Redcap's Market in der Back Lane nahe Christ Church Cathedral bieten Antiquitäten, Bücher, Ramsch und – Käse!

Und wenn alle Geschäfte geschlossen sind, der Kaufrausch abgeebbt ist und die Busse, vollgepackt mit Menschen und Plastiktüten, aus der City herausfahren, dann sind immer noch die Buchhandlungen geöffnet, meistens bis 20.30 Uhr oder 21 Uhr. Das Volk der Dichter und Redner ist auch eines der Leser. Es gibt rund 20 Buchhandlungen in der Innenstadt, die Buchabteilungen der Kaufhäuser nicht mitgerechnet.

Die Dubliner lieben es, in den Regalen zu stöbern und zu blättern, die Antiquariate nach alten Erstausgaben oder was auch immer zu durchforsten. Irland hat in den letzten Jahren eine eigene kleine Verlagsindustrie entwickelt, die mit Erfolg bibliophile Ausgaben von neuen und alten Werken produziert und ins englischsprachige Ausland exportiert. Anglophile werden sich in Dubliner Bookshops jedenfalls nicht satt sehen können.

Alchimist's Head. East Essex Street. Esoterik-Laden. Mit Tarot-Karten und allem.

Cathach Books. 10 Duke Street. Gebrauchte Bücher, alte Landkarten und Drucke.

Cathair Books. 1 Essex Gate. Man verfügt über ein schönes Antiquariat.

Connolly Books. East Essex Street. Linker Buchladen. Sozialismus und Dritte Welt stehen im Vordergrund.

Dublin Bookshop. Grafton Street. Moderne Buchhandlung.

Paperback Bookshop. Suffolk Street. Spezialisiert auf Taschenbücher.

Eason's. 40 O' Connell Street. Bietet neben Büchern und Büroartikeln die größte Auswahl an internationalen Zeitschriften.

Fred Hanna. 27/29 Nassau Street. Durch die Nähe des Trinity College eine echte „Universitätsbuchhandlung" mit viel Wissenschaftsliteratur.

George Webb. Crampton Quay 5. Stellt seine Verkaufsregale teils noch auf den Bürgersteig, wie es sich für einen Buchhändler von Ehre gehört!

Greene & Co. 16 Clare Street. Im Obergeschoß kann man bei Staublungengefahr Altes und Bibliophiles bewundern.

Hodges Figgis. 41 Dawson Street. Großer Laden, spezialisiert auf irische Bücher und Bücher über Irland.

Parson Bookshop. Baggot Street Bridge. Altmodischer Buchladen. Der Dichter Patrick Kavanagh pflegte sich hier früher herumzutreiben. Man werfe einen Blick ins Gästebuch.

Veritas Bookshop. Lower Abbey Street. Am Theater. Religiöse und theologische Themen bilden den Schwerpunkt des Sortiments.

Waterstone. 7 Dawson Street. Filiale einer englischen Buchkaufhauskette. Sogar sonntags bis 19 Uhr geöffnet.

Winding Stair Bookshop and Cafe. 40 Lower Ormond Quay. Am Nordufer des Liffey mit Blick auf die Fußgängerbrücke Ha'Penny Bridge. Man sagt, dies sei die schrulligste Buchhandlung Dublins. Antiquariate und ein Café verteilen sich über drei Stockwerke.

Übernachten

Die Zahl der Übernachtungsmöglichkeiten hat in Dublin nicht mit dem stürmischen Besucherwachstum der letzten Jahre schrittgehalten. Lediglich in den obersten Preisklassen kann man ganzjährig sicher sein, auf Anhieb und ohne Voranmeldung eine angemessene Unterkunft zu finden. Wer unbedingt in der Hochsaison nach Dublin fahren muß und dazu noch möglichst preisgünstig übernachten will, ohne sich vorher angemeldet zu haben, kann sich leicht die Finger wund telefonieren.

Daher folgender Rat: Wenn Sie um Ostern herum oder zwischen Mitte Juni und Ende August in Dublin zu weilen gedenken – reservieren Sie rechtzeitig! Das gilt besonders für die Wochenenden in den erwähnten Zeitspannen. An Weihnachten sind einige der kleineren, familiengeführten Betriebe geschlossen.

Die irische Fremdenverkehrszentrale in Deutschland gibt gegen eine kleine Gebühr jährlich einen „Accomodation Guide" heraus, in dem über 1.000 Hotels und Guesthouses aus ganz Irland inklusive Adressen, Telefonnummern und Preislisten detailliert beschrieben sind. Ich kann diese Broschüre nur empfehlen (erhältlich bei Irische Fremdenverkehrszentrale, Untermainanlage 7, 60329 Frankfurt a.M.; Tel. 069 / 23 64 92).

Dublin ist keine ganz preiswerte Übernachtungsstadt. Die teuren Hotels sind extrem teuer; die billigen Häuser sind dafür aber nicht extrem billig. Die Kurse für ein Doppelzimmer, belegt mit zwei Personen, fangen in der Hochsaison bei etwa 80 DM pro Übernachtung an, und das ist schon günstig. Einzelzimmer sind unter 60 DM praktisch nicht zu kriegen. (Ausnahmen: „Bed & Breakfast" sowie Jugendherbergen, siehe weiter unten). Dafür ist ein reichliches irisches Frühstück fast immer im Preis inbegriffen. Manche Hotels bieten gegen Aufpreis optional auch Mittag- und Abendessen.

Kommt man ohne Zimmerreservierung in Dublin an, begebe man sich sofort in das Büro des Irish Tourist Board in der O' Connell Street. Die freundlichen Mitarbeiter dieser Organisation verfügen über alle erforderlichen Adressen und helfen Ihnen beim Finden und Buchen einer Unterkunft.

In Irland und in irischen Hotelbroschüren beziehen sich die Preisangaben immer auf eine Person, vorausgesetzt, daß das Doppelzimmer mit zwei Personen belegt wird. Um derartige Verwirrung zu vermeiden, basieren die in der folgenden, unvollständigen Liste genannten Komplettpreise (Stand 1995, ohne Gewähr und saisonal schwankend) wie bei uns auf mit zwei Personen belegte Doppelzimmer inklusive Frühstück. Einzelzimmer sind im Schnitt um ein Drittel bis ein Viertel billiger. Manche Häuser haben Sonderpreise fürs Wochenende („weekend special") oder bieten Rabatte für längere Aufenthalte. Alle Preisangaben in irischen Pound (£) inklusive Steuern.

Hotels & Guesthouses

Praktisch alle Zimmer haben eigenes Bad, TV und Telefon, sofern nicht anders angemerkt. Viele Häuser verfügen über Bar und Restaurant.

In Dublin:

Anglesea Town House. 63 Anglesea Road, Tel. (01) 668 3877, Fax: (01) 668 3641. 7 Zimmer. Preisgekröntes Guesthouse im Nobelviertel Ballsbridge. Ab 90 £.

Ariel House. 52 Landsdowne Road, Tel. (01) 668 5512, Fax: (01) 668 5845. Victorianisches Wohnhaus in Ballsbridge. 27 Zimmer, Ab 90 £.

Ashling Hotel. Parkgate Street. Tel. (01) 677 2324, Fax: (01) 679 3783. 54 Zimmer. Haus der Best-Western-Kette. Am Phoenix Park. Ab 80 £.

Barry's Hotel. 1 Great Denmark Street. Tel. (01) 874 6943, Fax: (01) 874 6508. 28 Zimmer, davon 15 mit Bad. Nähe O' Connell Street. Ab 50 £.

Blooms. 6 Anglesea Street. Tel: (01) 671 5622, Fax: (01) 671 5997. 86 Zimmer. Edelhotel in Temple Bar. Ab 140 £.

Carmel House. 16 Upper Gardiner Street. Tel. (01) 874 1639, Fax: (01) 878 6903. 8 Zimmer. Nördliche Innenstadt. Ab 36 £.

Carrick Hall. 69 Orwell Road. Tel. (01) 492 2444, Fax: (01) 492 9005. Victorianisches Erkerhaus im Vorort Rathgar. 9 Zimmer. Ab 46 £.

Cedar Lodge. 98 Merrion Road. Tel. (01) 668 4410, Fax: (01) 668 4533. 10 Zimmer. Im Vorort Ballsbridge. Edwardianischer Stil. Ab 50 £.

Charleville Lodge. 268 North Circular Road. Tel. (01) 838 6633, Fax: (01) 5854. Victorianisches Haus mit 20 Zimmern. Am nördlichen Rand der Innenstadt. Ab 36 Pfund.

Clarence Hotel. 6-8 Wellington Quay. Tel (01) 677 6178, Fax: (01) 677 7487. Frisch renoviert, gehört der Band U2. In Temple Bar. 50 Zimmer. Ab 190 £!

Clifden House. 32 Gardiner Place. Tel. (01) 874 6364, Fax: (01) 874 6122. Nördliche Innenstadt. 10 Zimmer. Ab 32 £.

Clifton Court Hotel. O' Connell Bridge. Tel. (01) 874 3535, Fax: 878 6698. Extrem zentral. 20 Zimmer, davon 12 mit Bad. Ab 60 £.

Dergvale Hotel. 4 Gardiner Place. Tel. (01) 874 4753, Fax: (01) 874 8276. Nördliche Innenstadt. 21 Zimmer, 14 mit Bad. Ab 48 £.

Egan's Guesthouse. 7 Iona Park. Tel. (01) 830 3611, Fax: (01) 830 3611. Im schönen Vorort Glasnevin. 23 Zimmer. Ab 52 £.

Fitzwilliam. 41 Upper Fitzwilliam Street. Tel. (01) 660 0199, Fax: 676 7488. Südöstliche Innenstadt. Georgianische Gegend. 12 Zimmer. Ab 49 £.

Georgian House Hotel. 20/21 Baggot Street. Tel. (01) 661 8831, Fax: (01) 661 8834. 200 Jahre altes Haus, 33 Zimmer. Südöstliche City. Ab 66 £.

Grafton House. 26/27 South Great George's Street. Tel. (01) 679 2041; Fax: (01) 677 9715. Zentrale Lage. 11 Zimmer. Ab 56 £.

Gresham Hotel. 23 Upper O' Connell Street. Tel. (01) 874 6881, Fax: (01) 878 7175. Traditionshaus gegenüber dem GPO. 191 Zimmer. Ab 110 £.

Harcourt Hotel. 60 Harcourt Street. Tel. (01) 478 3677, Fax: (01) 475 2013. Hier lebte mal George Bernhard Shaw. 32 Zimmer, davon 22 mit Bad. Ab 50 £.

Iona House. 5 Iona Park. Tel. (01) 830 6217, Fax: (01) 830 6732. Backsteinschönheit im Vorort Glasnevin. 11 Zimmer. Ab 40 £.

Kelly's Hotel. South Great George's Street. Tel. (01) 677 9277, Fax: 671 3216. Zentrale Lage. 24 Zimmer, 21 mit Bad. Ab 40 £.

Kilronan House. 70 Adelaide Road. Tel. (01) 475 5266, Fax: (01) 478 2841. Ruhige Lage in südlicher City-Nähe. 10 Zimmer. Ab 50 £.

Maple Hotel. 75 Lower Gardiner Street. Tel. (01) 874 0225, Fax: 874 5239. Nähe Abbey Theatre. 10 Zimmer. Ab 25 £.

Marian Guest House. 21 Upper Gardiner Street. Tel. (01) 874 4129. Nördliche Innenstadt. Der Preisschlager in dieser Liste. 6 Zimmer, Dusche auf dem Flur. Ab 24 £.

Othello House. 74 Lower Gardiner Street. Tel. (01) 874 0442, Fax: 874 3460. Großes Haus in der nördlichen City. 121 Zimmer, davon nur 12 mit Dusche. Ab 34 £.

Park Lodge Hotel. 7 North Circular Road. Tel: (01) 838 6428, Fax: 838 0931. Nähe Phoenix Park. Deutscher Besitzer. 17 Zimmer. Ab 44 £.

Parkview House. 492 North Circular Road. Tel. (01) 874 2208, Fax: (01) 874 0624. Nordwestlich der City. 14 Zimmer. Schlappe 25 Pfund.

Phoenix Park House. 38/39 Parkgate Street. Tel. (01) 677 2870, Fax: (01) 679 9769. Nähe Haupteingang zum Phoenix Park. 13 Zimmer, 5 mit Dusche. 32 £.

Rathgar Hotel. 33 Kenilworth Square. Tel. (01) 497 6392. Im südlichen Vorort Rathgar (3 km von der City). 20 Zimmer, davon 6 mit Bad. 34 £.

Shelbourne Hotel Forte Grand. 27 St. Stephen's Green. Tel. (01) 676 6471, Fax: (01) 661 6006. Zentrale Nobel-Lage. Ultimative Adresse. 142 Zimmer. Ab 196 £.

St. Aiden's Guesthouse. 32 Brighton Road. Tel. (01) 490 2011, Fax: (01)492 0234. Familiäres Haus im Vorort Rathgar. 8 Zimmer. Ab 40 £.

Staunton on the Green. 83 St. Stephen's Green. Tel. (01) 478 2300, Fax: (01) 478 2263. Angesichts der exklusiven Lage nicht zu teuer. 26 Suiten. Ab 72 £.

Talbot Guest House. 95-98 Talbot Street. Tel. (01) 874 9202, Fax: (01) 874 9672. Östlich der O' Connell Street. 41 Zimmer. Ab 42 £.

Außerhalb Dublins:

Court Hotel. Killiney Bay. Tel. (01) 285 1622, Fax: (01) 285 2085. Ehemaliger Herrensitz im Seebad Killiney. 86 Zimmer. Ab 69 £.

Deer Park Hotel. Howth. Tel. (01) 832 2624, Fax: (01) 839 2405. Im Wildpark der Halbinsel Howth. 49 Zimmer. Ab 70 £.

Hotel Pierre. Victoria Terrace. Tel. (01) 280 0291, Fax: (01) 284 3332. In der Hafenstadt Dun Laoghaire. Blick auf die Dublin-Bay. 30 Zimmer, 26 mit Bad. Ab 44 £.

Howth Lodge Hotel. Howth. Tel. (01) 832 1010, Fax: (01) 832 2268. Elegantes Strandhotel. 46 Zimmer. Ab 74 £.

Kingston Hotel. Adelaide Street. Tel. (01) 280 1810, Fax: (01) 280 1237. In Dun Laoghaire. Ebenfalls mit Bay-Blick. 30 Zimmer. Ab 52 Pfund.

Port View Hotel. Marine Road in Dun Laoghaire. Tel. (01) 280 1663, Fax: (01) 280 0447. In der Nähe der Autofähre. 20 Zimmer. 8 mit Bad. Ab 50 £.

Sutton Castle Hotel. Red Rock. Tel. (01) 832 2688, Fax: (01) 832 4476. Düster-romantische Burg in Sutton bei Howth. 19 Gemächer. Ab 82 £.

Bed & Breakfast

Preiswerter als Hotels sind die sehr vielen B&B's („Bed and Breakfast"). Das sind kleine Stadtpensionen mit nur wenigen Zimmern. Die Besitzerfamilie wohnt unter demselben Dach. Diese unauffälligen Privathäuser liegen fast ausnahmslos in den Vororten und an den großen Ausfallstraßen, sofort erkennbar am „B&B"-Schild. Oft haben die Zimmer kein separates Bad; man muß sich also zur Morgentoilette in das Gemeinschaftsbad auf dem Flur begeben. Der Komfort ist aber zufriedenstellend. Dafür geht es dann auch oft persönlicher zu als in den Hotels.

Preislich variieren die B&B's je nach Lage und Ausstattung zwischen 12 und 30 Pound pro Nacht und Doppelzimmer. Eine Reservierung um Wochen im voraus ist meistens nicht möglich; ein Zimmer in einem der zahllosen B&B's kriegt man aber mit etwas Geduld eigentlich immer – das Büro der Irish Tourist Board (siehe oben) ist dabei gerne behilflich.

Der Übergang von B&B zu Guesthouse bzw. der Übergang von Guesthouse zu Hotel ist zuweilen fließend. Auch zum Thema „Bed&Breakfast" verkauft die Irische Fremdenverkehrszentrale (siehe oben) eine Broschure: „Town & Country Homes". Bestellung unter der deutschen Telefonnummer 06403 / 904 455.

Jugendherbergen

Reisenden mit sehr schmalem Budget kann man nur raten, in einer privaten oder offiziellen Jugenherberge abzusteigen. Davon existieren einige in Dublin. Die Qualität ist überwiegend gut; die Häuser sind sauber und zum Teil frisch renoviert. In manchen Herbergen kann man Fahrräder mieten. Einige dieser Häuser haben sogar Einzel- und Doppelzimmer, die selbstredend etwas teurer sind als ein Bett im Massenschlafsaal – trotzdem eine nicht nur preisliche Alternative zu Hotel und B&B.

Die Häuser werden liberal geführt, das heißt, der früher so verhaßte Zapfenstreich ist weitgehend abgeschafft. Der Standard nähert sich dem der preiswerten Guesthouses und liegt zum Teil sogar darüber. Altersbegrenzungen sind unbekannt. Nachteil: Man kann nicht beliebig lange wohnen bleiben – nach ein bis zwei Wochen muß man 'raus. Zumindest in der Hochsaison. Verhandeln!

Avalon. 55 Aungier Street. Tel. (01) 475 0001. Zimmer mit Bad. Selbstversorgungseinrichtungen, Waschmaschine, Restaurant.

Dublin International Youth Hostel. 61 Mountjoy Street. Nahe der Dorset Street (nördliche Innenstadt). Haus der Irish Youth Hostel Association („An Òige"). Tel. (01) 830 1766 oder 830 1396. Fahrradvermietung. 4 £ pro Kopf und Nacht, wenn man den Internationalen Jugendherbergsausweis vorzeigt.

ISAAC's. 2 Frenchmen's Lane, etwas versteckt am unteren Ende der Gardiner Street nahe Custom House. Tel. (01) 874 9321 oder 836 3877, Fax: 874 1577. Schön umgebautes, ehemaliges Lagerhaus. Platz für 250 Personen. Restaurant, Selbstversorgungsräume, Fahrradvermietung, Heizung. 24 Stunden geöffnet. Schlafsaal 5,75 £; Doppelzimmer 28 £; Einzelzimmer 17,25 £. WC und Duschen auf dem Flur.

Kinlay House. 2 Lord Edward Street (neben der Christ Church Cathedral). Tel. (01) 679 6644. Behindertengerecht. Niedrigpreise.

Marlborough Hostel. 81/82 Marlborough Street (nördliche Innenstadt, neben der Pro Cathedral). Tel. (01) 874 7629, Fax: (01) 874 5172. 24 Stunden geöffnet. Heizung, Selbstversorgerküche, Waschmaschinen, Hofgarten, WC und Duschen auf dem Flur. Preise mit Frühstück: Bett im Schlafsaal 7,50 £; Doppelzimmer 22 £; Einzelzimmer 14 £.

Strollers. 58 Dame Street. Tel. (01) 677 5614 oder 677 5422, Fax: (01) 839 0474. Nagelneu im Bezirk Temple Bar. 24 Stunden geöffnet. Behinderteneinrichtungen vorhanden. Zentralheizung. Dachgarten. Mahlzeiten im Hausbistro. WC und Duschen auf dem Flur. Knapp teurer als die billigsten Hotels – Preise pro Person (mit Frühstück): im 8-Bettzimmer 10,50 £; im 4-Bettzimmer 12,50 £; im Doppelzimmer 14,50 £.

The Young Traveller. St. Mary Place, Ecke Dorset Street. Tel. (01) 830 5000 oder 830 5319. 4-Betträume mit eigenem Bad. Waschmaschinen. Preiswert.

YWCA. Radcliffe Hall, St, John's Road (im südöstlichen Vorort Sandymount). Tel. (01) 269 4521. Für Damen. Bushaltestelle vor der Tür. Übernachtung mit Frühstück 10 £.

Campingplätze

Für Camper sieht die Lage in Dublin zappenduster aus. Wildes Zelten und Caravaning ist im ganzen Stadtgebiet verboten – man will damit wahrscheinlich die Wohnwagen der „Travelling People", der Tinkers (nicht mit kontinentalen Zigeunern verwechseln) dem bebauten Stadtgebiet fernhalten. Dublins einzige Campingplätze liegen 17 Kilometer im Norden und 16 Kilometer im Süden.

North Beach Caravan and Camping Park. Ortschaft Rush (an der Küste nördlich von Dublin, Buslinie 33). Ganzjährig geöffnet. Tel. (01) 843 7131 oder 843 7602.

Shankill Caravan and Camping Park. Im Dorf Shankill (bei Bray). Tel. (01) 282 0011. Ebenfalls ganzjährig geöffnet.

Studentenwohnheime

Für längere Single-Aufenthalte während der Semesterferien kann man versuchen, eines der dann leerstehenden Zimmer in den Studentenwohnheimen zu mieten. Das kostet bei eingeschränktem Komfort weniger als kommerzielle Übernachtungen und hat seine Reize: Manche Zimmer im Trinity College sind mehrere hundert Jahre alt! Die anderen und moderneren Wohnheime liegen alle in den Vororten. Man muß sich rechtzeitig kümmern –

Vermietungen beim jeweiligen „Accomodation Office" unter folgenden Telefonnummern:

Trinity College
(01) 702 1177 (Hauptgebäude Innenstadt, schwer ranzukommen)
(01) 4971 772 (Trinity Hall in der Dartry Road, 5 Kilometer südlich)

University College Dublin
(01) 269 3244 (Roebuck Hall in Belfield)
(01) 269 7111 (UCD Village in Belfield)
(01) 706 8797 (Blackrock Campus , Caryfort Avenue, 6 Kilometer südlich)

Dublin City University
(01) 704 5736 oder (01) 704 5000 (in Glasnevin, 3,5 Kilometer nördlich)

Literaturvorschläge

Deutsch

Behan, Brendan: „Borstal Boy"; „Die Geisel".
Böll, Heinrich: „Irisches Tagebuch".
Bottigkeimer, K.S.: „Geschichte Irlands".
Hetmann, Frederick: „Irische Märchen".
Joyce, James: „Ulysses"; „Dubliners"; „Jugendbildnis".
O' Brian, Edna: „Das Mädchen mit den grünen Augen".
O' Brian, Flann: „In Schwimmen – Zwei Vögel".
O' Casey, Sean: „Dubliner Trilogie" (drei Theaterstücke); „Autobiographie" (sechs Bände).
O' Connor, Frank: „Gesammelte Erzählungen".
O' Faolain, Sean: „Kurzgeschichten".
O' Flaherty, Liam: „Armut und Reichtum" – ausgewählte Erzählungen.
Plunkett, James: „Manche sagt man, sind verdammt".
Uris, Jill und Leon: „Irland – Schreckliche Schönheit".

Englisch

Cullen, Paul und Boyle, Ken: „Dublin".
Delaney, Frank: „James Joyce's Odyssey – A Guide to the Dublin of Ulysses".
FitzSimon, Christopher: „The Irish Theatre"; „The Arts in Ireland".
Gogarty, Oliver St. John: „As I Was Going Down Sackville Street".
Guinness, Desmond: „Georgian Dublin".
Joyce, James: „Finnegan's Wake".
Kavanagh, Patrick: „The Great Hunger".
Kee, Robert: „Ireland – A History".
Lehane, Brendan: „Dublin" (Life-Time).
McDonald, Frank: „The Destruction of Dublin".
O' Canainn, Thomas: „ Traditional Music in Ireland".
O' Faolain, Sean: „The Irish".
Ryan, Meda: „The Day Michael Collins Was Shot".
Taylor, Sybil: „The Bushmills Irish Pub Guide".

Reisetips von A - Z

Adressen

Deutsche Botschaft in Irland: 31 Trimleston Avenue, Booterstown (bei Blackrock); Tel. (01) 269 3011 und 269 3123.
Österreichische Botschaft in Irland: 15 Ailesbury Court, 93 Ailesbury Road; Tel. (01) 269 4577 und 269 1451.
Schweizer Botschaft in Irland: 11 Clyde Road, Ballsbridge; Tel. (01) 269 2515 und 269 1566.

Irische Botschaft in Deutschland: 53175 Bonn, Godesberger Allee 119; Tel. (0228) 376 937/38/29.

Irische Botschaft in Österreich: 1030 Wien, Hilton-Center, 16. Etage, Landstr.-Hauptstr. 2; Tel. (01) 715 4246/47.

Irische Botschaft in der Schweiz: 3005 Bern, Kirchenfeldstr. 8; Tel. (031) 441 442-4.

Irische Fremdenverkehrszentrale in Deutschland: Untermainanlage 7, 60329 Frankfurt/a.M.; Tel. (069) 23 64 92.

Irish Tourist Board (Bord Fáilte) in Dublin: Baggot Street Bridge, Dublin 2, Tel. (01) 602 4000, Fax: (01) 602 4100. Innenstadt: 14 Upper O' Connell Street, Dublin 1, Tel. (01) 874 7733. Am Flughafen: Tel. (01) 844 5387. Im Fährhafen Dun Laoghaire: St. Michael's Wharf, Tel. (01) 280 6984.

Beste Reisezeit

Stabilstes Wetter Mai / Juni und September; wärmstes Wetter Ende Juni bis Ende August.

Touristische Hauptsaison Osterwochenende sowie Ende Juni bis Ende August.

Billigste Reisezeit Oktober bis März.

Bibliotheken

Chester Beatty Library (Orientalische Schriften und Kunstobjekte). 20 Shrewsbury Road. Dienstag bis Freitag 10 – 17; Samstag 14 – 17.

Dublin City Libraries. Pearse Street. Montag bis Freitag 9.30 – 17.

Marsh's Library. St. Patrick's Close. Montag bis Freitag 10 – 12.45, 14 – 17; Samstag 10.30 – 12.45.

National Library. Kildare Street. Montag 10 – 21, Dienstag/Mittwoch 14 – 21, Donnerstag/Freitag 10 – 17, Samstag 10 – 13.

Old Library. Trinity College. Die wunderschöne, alte Bibliothek des College. Ausgestelltes Glanzstück ist das „Book of Kells". (siehe Kapitel „College Green")

Royal Irish Academy Library (Manuskripte der gälischen Mönchskirche). 19 Dawson Street. Montag bis Freitag 9.30 – 17.30.

Trinity College Library. Haupteingang am College Green. Besuchszeiten Montag bis Freitag 9.30 – 16.45, Samstag 9.30 – 12.45. Sonn- und Feiertage geschlossen.

Elektrizität

220 Volt wie in Deutschland. Trotzdem braucht man einen dreistiftigen Adapter nach britischer Norm, da die Stecker anders sind als bei uns.

Fahrrad

Fahrradfahren gestaltet sich in Dublin nicht ganz ungefährlich, da es kaum Radwege gibt und der Autoverkehr dicht und rasant ist. Lediglich die Wege am Royal und am Grand Canal sowie der weitläufige Phoenix Park eignen sich gefahrlos für innerstädtische Radtouren. Fahrradvermietungen und -reparatur:

Bike Store. 56 Lower Gardiner Street. Tel. (01) 874 4246.

C. Harding. 30 Bachelor's Walk. Tel. (01) 873 2455.

McDonalds Cycles. 38 Wexford Street. Tel. (01) 474 1586.

Mike's Bikes. George's Square (in Dun Laoghaire im Shopping Centre). Tel. (01) 280 0417.

Raleigh Rent-a-Bike. Radhersteller und Ladenkette. Zentrale Tel.-Nummer: (01) 626 1333.

The Square Wheel Cycleworks. Temple Lane South (Nähe Dame Street). Tel. (01) 679 0838.

Führungen / Touren / Präsentationen

City Cycle Tours. Organisierte Fahrradgruppentour durch Dublin. Man bekommt ein Rad mit Helm. Näheres unter Tel. (01) 671 5606 oder 671 5610.

Dublin Bus Tours. Die städtischen Doppeldecker-Busse haben einen eigenen Sightseeing-Service, der täglich 10.15 und 14.15 Uhr von der Haltestelle 59 Upper O' Connell Street abgeht. Es gibt eine „City Tour" (Innenstadtziele), eine „North Coast Tour" und eine „South Coast Tour". Dauer: 2,5 bis 3,5 Stunden. Fahrpreis 8 bzw. 9 Pound. Empfehlenswert ist die einstündige „Heritage Tour", die stündlich die historischen Sehenswürdigkeiten abklappert. Man kann bei Interesse unterwegs aussteigen, besichtigen und mit dem Ticket im nächsten Bus weiterfahren. 5 Pound.

Dublin Literary Pub Crawl. Amüsant-literarischer Rundgang durch Dublins Kneipenszene. Schauspieler führen die Teilnehmer zu den Stammkneipen verstorbener Schriftstellerberühmtheiten und rezitieren deren Werke. Treffpunkt täglich um 19.30 im Pub „The Duke", Duke Street. 6 Pound.

Grayline-Sightseeing. Tagesausflüge per Bus in die weitere Umgebung von Dublin: Boyne-Valley, Wicklow Mountains etc. Je nach Ziel für 14 bis 27 Pound pro Nase. Informationen unter Tel. (01) 874 4466 / 878 7981.

Historical Walking Tours of Old Dublin. Zweistündiger Fußmarsch durch die Altstadt. Treffliche Erläuterung durch Trinity-Studenten. Jeden Tag um 11, 12 und 15 Uhr ab Haupteingang Trinity College. 4 Pound Gebühr.

Joycean Literary Tours. Rundgang durch die von James Joyce verewigte Dublin-City. Start am „James Joyce Centre" in der 35 North Great George's Street. Tel. (01) 973 1984 und 878 8547.

Old Dublin Tours. Rundfahrt im Oldtimer-Doppeldeckerbus-Cabriolet (oben offen). Stündlicher Start am Tourist Office in der 14 Upper O' Connell Street. 7 Pound.

St. Audoen's. Kirche an der High Street. Multimedia-Show über das Dublin vor der Wikingerzeit. Montag bis Freitag mehrmals täglich.

The Dublin Experience. Audio-Visueller Multimedia-Vortrag über Dublins Geschichte und Gegenwart. Im Konferenzzentrum des Trinity College. Jeden Tag stündlich zwischen 10 und 17 Uhr.

Geld und Bezahlen

Das Irish Pound (abgekürzt IR£) ist eine eigene Währung, also bitte nicht mit dem britischen Pound Sterling verwechseln. 100 pence sind ein Pound. 1 IR Pound hat zur Zeit den Wert von etwa 2,23 DM. Bis zu 150 Pound dürfen aus Irland ausgeführt werden.

Euroschecks und Kreditkarten werden allgemein als Zahlungsmittel akzeptiert. Die meisten Geldautomaten lassen sich mit deutscher EC-Karte und mit gewohnter Geheimnummer bedienen (auf das EC-Zeichen am Automaten achten).

Die Banken sind von Montag bis Freitag zwischen 10 und 12.30 sowie zwischen 13.30 und 15 Uhr geöffnet, donnerstags bis 17 Uhr. Beim GPO kann man mit dem Postsparbuch Bargeld abheben.

Gesundheit

Als Bürger der Europäischen Union nehmen Sie bitte vorsorglich das Formblatt E 111 Ihrer Krankenkasse mit in den Urlaub, um in Irland kostenlos ärztliche Hilfe beanspruchen zu können. Ärzteadressen findet man in den Gelben Seiten des Telefonbuches. Bei Notfällen aller Art (Polizei, Feuerwehr, Rettungsambulanz) kann man von jedem Telefon aus gebührenfrei die Nummer 999 wählen.

Es gibt in Irland keine landesspezifischen Krankheiten, gegen die man sich impfen lassen müßte. Aufgrund des wechselhaften Wetters sollte man aber vorsorglich Hausmittel gegen Erkältungen in der Reiseapotheke mitführen.

Kinos

Die Iren sind laut Statistik die leidenschaftlichsten Kinogänger Europas, entsprechend groß das Angebot. In der Innenstadt gibt es 20 Kinos; hinzu kommen mehrere Multiplex-Häuser in den Vororten. Die Tageszeitungen veröffentlichen täglich die Spielpläne. Ein Kinobesuch in Dublin ist eine gute Gelegenheit, englischsprachige Filme im Original zu sehen.

Das Lighthouse Cinema in der Middle Abbey Street sowie das Screen Cinema in der D'Olier Street gelten als Programmkinos mit anspruchsvollen Spielplänen für Cineasten, ebenso das **Irish Film Centre** in der Eustace Street (siehe Kapitel „Filmstudio Dublin"), das zwei Kinos in seinen Räumen unterhält.

Maße und Gewichte

1 Foot entspricht 30,48 cm.
1 Yard entspricht 91,40 cm.
1 mile entspricht 1,6 km.
1 pint entspricht 0,568 Liter.
1 gallon entspricht 4,54 Liter.
1 ounce entspricht 28,35 Gramm
1 pound entspricht 453,6 Gramm

Allgemein ist das Dezimalsystem auf dem Vormarsch. Auf Karten finden sich Meter und Kilometer gleichberechtigt neben Yards und Meilen. „Foot" (Fuß) wird ausschließlich für Höhen- und Tiefenangaben gebraucht (Berge, Gewässer). Bei Temperaturangaben überwiegt mittlerweile die Celsius-Tabelle.

Mietwagen

Mietwagen sind in Irland teuer – für unter 80 DM pro Tag wird man kaum einen Kleinwagen kriegen. Für einen längeren Aufenthalt lohnt es sich daher, schon daheim einen Wagen zu buchen, weil die Reiseveranstalter Rabatte bekommen, die sie teils an die Kunden weitergeben. Man muß sich daran gewöhnen, daß sich Fahrersitz und Steuer wegen des Linksverkehrs auf der rechten Fahrzeugseite befinden. Die Pedalanordnung ist aber wie auf dem Kontinent.

Argus. Im Tourist Office, 14 Upper O' Connell Street. Tel. (01) 874 4468.

Avis Johnson & Oerrott. 1 Hanover Street East, Tel. (01) 677 40 10, sowie am Flughafen, Tel. (01) 844 4466.

Budget. Dublin Airport, Tel. (01) 844 5919; Innenstadt, Tel (01) 837 9611.

Hertz. 149 Upper Leeson Street, Tel. (01) 660 2255; Flughafen Tel. (01) 842 9333; Fährhafen Dun Laoghaire Tel. (01) 280 1518.

Murray's Europcar. Baggot Street Bridge, Tel. (01) 668 1777; Flughafen Tel. (01) 844 4179.

Practical. 19 Nassau Street, Tel. (01) 671 5540.

Museen

Es gibt über 40 größere und kleinere Museen in Dublin – Bibliotheken und Privatgalerien nicht mitgerechnet. Einige wurden bereits in den entsprechenden Stadtteil-Kapiteln erwähnt. Die meisten Häuser sind montags geschlossen. Hier eine Übersicht mit Adressen:

Ashtown Castle. Besucherzentrum am nördlichen Ende des Phoenix Park.

Bewley's Museum. Niedliches Kaffee- und Schokoladenmuseum im Obergeschoß des „Bewley's" in der Grafton Street.

Douglas Hyde Gallery. Trinity College, Nassau Street. Moderne Malerei, Bildhauerei und Fotografie in der Galerie des College. Regelmäßige Diskussionsveranstaltungen zu aktuellen Themen.

Drimnagh Castle. Long Mile Road, im Südwesten Dublins. Restauriertes Schloß aus dem Mittelalter.

Dublin Castle. Castle Street, siehe Kapitel „Old Town". Die „Burg von Dublin". Geöffnet 10 bis 12.15 und 14 bis 17 Uhr.

Dublin Civic Museum. 58 South William Street. Buntgemischtes Heimatmuseum.

Dublin Writer's Museum. 18 Parnell Square. Schriftsteller- und Literaturmuseum, siehe Kapitel „Northside". Werktags 10 bis 17 Uhr; sonntags 13 bis 17 Uhr. Von Oktober bis März nur von Freitag bis Sonntag geöffnet.

Dublinia. Synod Hall, an der Christ Church Cathedral. Multimedia-Präsentation, ein Modell sowie Fundstücke des mittelalterlichen Dublins.

ENFO. 17 St. Andrew Street. Mediale Präsentation von Umweltschutzthemen.

Fry Model Railway. Malahide Castle in Malahide. Private Modelleisenbahnsammlung.

George Bernhard Shaw House. 33 Synge Street. Geburtshaus des Dichters,zeigt und berichtet Wissenswertes aus seinem Leben.

Guinness Hop Store. Crane Street. Brauereimuseum mit nostalgischer Bar.

Howth Transport Museum. Howth Castle. Transport- und Nahverkehrsfahrzeuge aus acht Jahrzehnten.

Hugh Lane Municipal Gallery of Modern Art. Parnell Square. Irische und internationale Moderne. Siehe Kapitel „Northside". Geöffnet Dienstag bis Freitag 9.30-18 Uhr, Samstag 9.30-17, Sonntag 11-17 Uhr. Kleines, aber hervorragendes Museum.

Irish Museum of Modern Art. Im Royal Hospital (siehe Kapitel „Kilmainham"). Kann mit seinem noch jungen Fundus neben den etablierten Häusern der Innenstadt noch nicht ganz mithalten. Geöffnet 10 bis 17.30, Sonntag 12-17.30.

Irish Whiskey Corner. Bow Street. Ehemalige Destillerie, in der nun alles über Whiskeyproduktion demonstriert wird. Mit Souvenir-Shop. Geöffnet nur zur Führung um 15.30

Uhr, im Sommer auch um 11 Uhr (Montag bis Freitag).

Irish-Jewish Museum. 3 Walworth Road. Zeigt die Geschichte von Dublins kleiner, jüdischer Gemeinde. Geöffnet 11 bis 15 Uhr.

James Joyce Centre. 35 North Great George's Street. Wohnhaus, im Stil der Joyce-Zeit möbiliert. Mit Bibliothek über James-Joyce-Forschungen. Siehe Kapitel „Ulysses – Das Dublin des James Joyce."

James Joyce Museum. Joyce Tower, Sandycove bei Dun Laoghaire. Reliquiensammlung über den berühmten Dichter. Siehe Kapitel „Ulysses – Das Dublin des James Joyce". Geöffnet Montag bis Freitag 10-17 Uhr, Sonntag 14-18 Uhr (von Mai bis September).

Kilmainham Jail. Inchicore Road. Führungen und Dauerausstellungen im ehemaligen politischen Gefängnis, siehe Kapitel „Kilmainham". Von Juni bis September täglich geöffnet 11-18 Uhr; Oktober bis März 14-18 Uhr.

Malahide Castle. Prächtiges Herrenhaus in Malahide. Geöffnet täglich von 10 bis 17 Uhr.

Museum of Childhood. 20 Palmerston Park. Private Spielzeug- und Puppensammlung. Sonntags von 14 bis 17.30.

National Gallery. Merrion Square. Hier hängen die erlesensten Stücke. Siehe Kapitel „Südöstliche City". Öffnungszeiten Montag bis Samstag 10-18 Uhr, Sonntag 14-17 Uhr. Donnerstag bis 21 Uhr.

National Maritime Museum. Haigh Terrace, in Dun Laoghaire. Geöffnet von Mai bis September 14.30 bis 17.30 Uhr.

National Museum. Kildare Street. Museum für Handwerk und Kunsthandwerksgeschichte bis zurück zur Bronzezeit. Geöffnet von 10 bis 17 Uhr, sonntags 14-17 Uhr.

National Wax Museum. Granby Row. Wachsfigurenkabinett inklusive „Schreckenskammer". Geöffnet 10-17.30; Sonntag 13-17.30.

Natural History Museum. Merrion Street. Naturkundemuseum. 10 bis 17 Uhr geöffnet; sonntags 14-17 Uhr.

Newman House. 85/86 St. Stephen's Green South. Siehe Kapitel „Südöstliche City".

Number 29. Fitzwilliam Street. Originalgetreu restauriertes und möbiliertes Wohnhaus der georgianischen Ära.

Pearse Museum. St. Enda's Park, im Vorort Rathfarnham. Vom späteren Revolutionär Patrick Pearse gegründete Schule. Heute ein Museum über sein Leben und Wirken.

Projects Art Centre. 39 East Essex Street. Ausstellungen, Performance, experimentelles Theater. Das Kunstzentrum in Temple Bar. Geöffnet von 11 bis 18 Uhr.

RHA Gallery. Ely Place. Galerie der „Royal Hibernian Academy". Wechselnde Ausstellungen. Geöffnet 11-17 Uhr, Sonntag 14-17 Uhr.

Private Galerien und Kunsthandlungen im Kapitel „Die feinen Künste" (siehe oben).

Öffentlicher Nahverkehr

Das dichte Netz der städtischen Dublin Bus schiebt Dienst von 6.30 bis 23.30. Die Doppeldeckerbusse erinnern zwar ein wenig an London; es gibt jedoch keinen offenen Heckeinstieg: man steigt vorne beim Fahrer ein und bezahlt dort, nachdem man den Zielort genannt hat, sein Ticket mit 0,75 bis 1,50 Pound, je nach dem, wie weit die Reise geht. Die numerierten Buslinien durchkreuzen die ganze Stadt, meistens auf einer jeweils ungefähren Nord-Südroute. Umsteigen ist fast nie nötig, da praktisch alle Linien irgendwann durch die City fahren.

An den Haltestellen kommt schnell Ödnis auf, sobald man gemerkt hat, daß die auf den aushängenden Fahrplänen vermerkten Abfahrtszeiten theoretischer Natur sind. Wenn der Bus endlich eingetroffen ist (oder der Fahrer sein Sandwich verdrückt hat), heißt es, ordentlich Schlange zu stehen und nicht zu drängeln. Die Fahrer sind freundlich und auskunftsbereit; zuweilen wird sogar unregulär gestoppt, um jemanden ein- oder aussteigen zu lassen.

Um die Massen der Pub- und Diskobesucher wenigsten am Wochenende nach Hause bringen zu können, wurde für Donnerstagnacht, Freitagnacht und Samstagnacht die beliebte Nite Link ins Leben gerufen: Die Busse schwärmen dann um Mitternacht und dann noch um 1, 2 und 3 Uhr morgens sternförmig von ausgewählten Haltestellen der Innenstadt in die Vororte aus. Die Busnummern und -linien der Tagschicht haben aber mit den 14 Routen der „Nite Link" nichts gemeinsam; am besten, man erkundige sich beim Hotelportier oder bei Anwohnern, ob und wo genau der nächste „Nite Link" hält. Auf dem Weg zurück in die City halten diese Nachtjäger übrigens kein einziges mal mehr. Wer den Abend in den Vororten verbracht hat, könnte also ein Transportproblem bekommen.

Fahrpläne, Wochen- und Monatstikkets bekommt man im Büro von „Dublin Bus" in der 59 Upper O' Connell Street, Tel. (01) 873 4222. Für Kurzaufenthalte empfiehlt sich der „Explorer Pass", der vier Tage lang für Bus und DART gilt.

Die elektrischen Schnellbahnen der „Dublin Area Rapid Transit" (DART) pendeln von 6.30 bis 23.45 an der Küste entlang; zu Stoßzeiten alle fünf Minuten. Die Strecke führt von der Halbinsel Howth im Norden bis zum Seebad Bray im Süden. Gestoppt wird an 24 Haltestellen und Bahnhöfen. Einen Nachtservice gibt es nicht. Fahrräder dürfen nicht mit in den Zug genommen werden.

Die Expressbusse der Airlink fahren ohne Zwischenstop vom Flughafen zum Busbahnhof Busaras am Beresford Place und anschließend weiter zu O' Connell Bridge und Heuston Rail Station.

Öffnungszeiten

Die Mehrzahl der Geschäfte hält ihre Türen von Montag bis Samstag von 9 bis mindestens 17.30 geöffnet; Buchläden meistens länger. Am Donnerstag bleiben die Geschäfte in der City durchweg bis 20 Uhr geöffnet. 24-Stunden-Supermärkte sind noch selten und wenn, dann eher in den Vororten zu finden. In der City verkauft der „Spar"-Laden in der Upper Baggot Street, jenseits des Grand Canal, immerhin bis 3 Uhr morgens.

Apotheken haben am Mittwochnachmittag geschlossen. Öffnungszeiten der Banken siehe Kapitel „Geld und Bezahlen".

Post

Briefe innerhalb Irlandsoder innerhalb der EU kosten 32 pence. Für Postkarten braucht man eine 37-pence-Marke. Die Postämter sind von 9 bis 18 Uhr durchgängig geöffnet, samstags von 9 bis 12 Uhr. In ländlichen Gebieten außerhalb Dublins schließen viele Postämter bereits mittags.

Sicherheit

Dublin ist generell nicht gefährlicher als eine x-beliebige deutsche Großstadt. Bewaffnete Schwerstkriminalität im amerikanischen Stil ist sehr selten. Vor Taschendieben muß wie überall auf der Welt in jedem Menschengewimmel gewarnt werden. Touristen beklagen zunehmend, daß ihre parkenden Fahrzeuge aufgebrochen wurden; also kein Gepäck und keine Wertsachen im Auto liegen lassen.

Als etwas unsichere Bezirke gelten bei Nacht die Seitenstraßen der O' Connell Street und die Gegend um die Guinness-Brauerei; vielleicht noch die Parks. Da die Dubs aber viel ausgehen, sind die großen Hauptstraßen der Innenstadt bis tief in die Nacht bevölkert. Solange man sich hier an die Passantenströme hält, kann einem auch bei Dunkelheit praktisch nichts passieren. Bei Notfällen 999 anrufen.

Sprache(n)

Offiziell hat Irland zwei Amtssprachen: Gälisch und Englisch. Das keltische Idiom war im Laufe der jahrhundertelangen britischen Herrschaft fast völlig verdrängt worden. Nach der irischen Unabhängigkeit begannen die bis heute andauernden Rettungsversuche: Gälisch bzw. Irisch ist Pflichtfach an den Schulen. Hinweisschilder, Radio- und Fernsehprogramme, Ortsnamen und ähnliches mehr werden grundsätzlich auf Gälisch und auf Englisch präsentiert. Das rigorose Festhalten an dieser mit dem Englischen in keinster Weise verwandten Sprache erklärt sich mit der Suche nach irischer Identität und irischem Nationalgefühl – okay, Englisch ist Muttersprache geworden, aber wir haben eigentlich eine eigene Sprache, sagen die Iren.

Als echte Muttersprache sprechen nur noch knapp 80.000 Bewohner der abgelegenen „Gaeltachts" an der Westküste gälisch. Einige ganz wenige unter ihnen, uralte Dorfbewohner, sind noch nicht einmal des Englischen mächtig.

Das irische Gälisch ist dem Hochland-Schottisch sehr ähnlich und mit den keltischen Sprachen in Wales und in der Bretagne verwandt. In Dublin und den anderen Großstädten Irlands aber dominiert Englisch. Die meisten Kinder lernen die Sprache ihrer Urgroßeltern erst in der Schule, wie eine Fremdsprache eben. Gälische Dialoge werden ihnen in Dublin wohl kaum ins Ohr fallen; allerhöchstens auf den Märkten, vielleicht. Das kehlige und melodische Gälisch klingt äußerst angenehm. Wenn Sie neugierig sind, drehen Sie doch am Fernseher oder am Radio so lange an den Stationstasten, bis Sie eine völlig unbekannte Sprache hören – willkommen in den „Gaeltachts"!

Echte Fremdsprachen sind in Irland nicht sehr geläufig, und wenn, dann am ehesten noch Französisch oder Spanisch. Nur mit Deutsch im Sprachgepäck wird man nicht weit kommen.

Um sich als Ausländer in Dublin zurechtzufinden, benötigt man keine gälischen Sprachkenntnisse. Die häufigsten keltischen Wörter, die Ihnen begegnen werden, sind das allgegenwärtige Hinweisschild „An Lár" (City Centre) und der Trinkspruch „Slánte!" (Gesundheit!).

Taxis

Taxifahren scheint in Dublin eine Spur preiswerter zu sein als in Deutschland. Gepäck und zusätzliche Fahrgäste werden mit je 40 pence extra berechnet. Nachtfahrten kosten etwas mehr als Tagfahrten. Die großen Taxistände der Innenstadt befinden sich an der O' Connell Street, am College Green und am Park St. Stephen's Green. Taxen vom Straßenrand her anzuwinken, ist eigentlich nicht üblich, funktioniert aber manchmal. Doch wenn mal ein leeres Fahrzeug an Ihnen vorbeibraust – der Fahrer hält sich nur an die Regeln.

Da um Mitternacht herum alle Pubs gleichzeitig schließen, kann es dann, besonders am Wochenende, extrem schwierig werden, einen Wagen zu ergattern. Befindet man sich in abgelegenen Stadtteilen, sollte man besser rechtzeitig einen Wagen bestellen. Eine zentrale Rufnummer gibt es nicht; der Wirt oder Ihre irischen Bekannten (Sie werden irische Bekannte haben, mein Wort) wissen aber sicher eine Taxifirma.

Blue Cabs. (01) 676 1111
Co-Op. (01) 676 6666
Metro. (01) 668 3333
National Radio Cabs. (01) 677 2222 / 677 65 28.

Telefon

Drei Minuten Ortsgespräch kosten 20 pence. Doch immer mehr Telefonzellen sind nur noch mit Telefonkarten zu bedienen, die man bei Postämtern und Zeitungshändlern („newsagent") kaufen kann. Wenn Sie mit veralteten Adressen oder Broschüren nach Irland reisen, müssen Sie bedenken, daß alle Dubliner Telefonnummern kürzlich auf siebenstellig umgestellt wurden. Mit diesem Buch sind Sie aber auf dem neuesten Stand.

Direkte Durchwahl, auch ins Ausland, ist in Irland die Norm, doch mit der Nummer 10 bekommt man immer noch den guten, alten „Operator".

Ein Ferngespräch nach Deutschland kostet etwa 65 pence die Minute. Vom Zimmertelefon Ihres Hotels aus wird es wohl etwas teurer.

Wenn Sie von Irland aus ins Ausland telefonieren, müssen Sie erst (00) wählen, dann die nationale Vorwahl des Ziellandes, dann die Ortsvorwahl ohne die Null und dann die Rufnummer Ihres Gesprächspartners.

Wenn Sie von Deutschland aus nach Dublin telefonieren, wählen Sie erst Irlands nationale Vorwahl (00353), dann die Vorwahl des Großraumes Dublin (1) und dann die gewünschte Endnummer. Die in diesem Buch allen Telefonnummern vorangestellte Nummer (01) ist Dublins Vorwahl, sofern man vom übrigen Irland aus in die Hauptstadt telefoniert.

Die Auskunft der irischen Telefonzentrale lautet (1190); für Auslands- und R-Gespräche (114).

Theater

Selbst wenn Sie des Englischen nur begrenzt mächtig sein sollten, versäumen Sie es bitte dennoch nicht, mindestens einen Abend in einem Dubliner Theater zu verbringen. Aufführungen und Publikumsreaktionen unterscheiden sich massiv von gesetzten Theaterbesuchen in Deutschland (siehe Kapitel „Dublin als Bühne"). Die Dubliner Schauspielhäuser genießen im angelsächsischen Sprachraum den Ruf von Weltklasse. Bei Premieren sollte man sich rechtzeitig um Tickets kümmern. Ende September / Anfang Oktober findet alljährlich das Dublin Theatre Festival statt. Fast alle irischen Mimen und viele ausländische Ensembles strömen dann für zwei Wochen in die Stadt.

Abbey Theatre. Lower Abbey Street. Tel. (01) 878 7222. Das traditionshaltigste Theater Dublins. Hier wurden schon Nobelpreisträger ausgebuht. Vorwiegend Stücke irischer Autoren auf dem Spielplan.

Andrew's Lane Theatre. 9-11 Andrew's Lane. Tel. (01) 679 5720. Volkstümliches.

Focus Theatre. 6 Pembroke Place. Tel. (01) 676 3071. Zimmertheater.

Gaiety Theatre. South King Street. Tel. (01) 677 1717. Opern, Musicals, Comedy, Volkstheater, sogar Ballett.

Gate Theatre. Cavendish Row (am Parnell Square). Tel. (01) 677 4085. Breites Spektrum an modernen Stücken wie Klassikern. Kleines Haus.

Olympia Theatre. Dame Street. Tel. (01) 677 7741. Ehemalige, victorianische Music-Hall. Breites Programm quer durch alle dramatischen Gattungen.

Peacock Theatre. Lower Abbey Street. Telefonnummer siehe oben. Die „Studiobühne" des Abbey. Für ausgefallene Sachen.

Project Arts Centre. 39 East Essex Street. (01) 671 2321. Künstlerhaus im Bezirk Temple Bar. Experimentelles und Avantgardistisches.

Riverbank Theatre. 13/14 Merchant's Quay. Tel. (01) 677 3370. Brandneues Haus. Irische Dramen.

Samuel Beckett Centre. Im Trinity College. Tel. (01) 702 1239.

Tivoli. Francis Street. Tel. (01) 453 5998. Gesellschaftskomödien und Anzügliches.

Verkehrsregeln

In Irland herrscht Linksverkehr, woran man sich als Autofahrer schnell gewöhnt, sofern man einen Außenspiegel auf der rechten Fahrzeugseite hat. Trotz Linksverkehr haben von rechts kommende Verkehrsteilnehmer Vorfahrt, falls es nicht anders ausgeschildert ist.

Die größte Umgewöhnungsschwierigkeit hat man jedoch als Fußgänger: Beim Überqueren einer Straße erst nach rechts, dann nach links schauen – unsere lebenslang ins Kleinhirn gemeißelte Verkehrserziehung muß innerlich umgepolt werden.

Überholmanöver gestalten sich manchmal schwierig, wenn man von zu Hause sein linksgesteuertes Fahrzeug mitbringt, weil man den entgegenkommenden Verkehr nicht immer sieht – der Beifahrer muß also mithelfen. An das rechtsgesteuerte Mietfahrzeug gewöhnt man sich nicht ganz so schnell wie an den Linksverkehr.

Im Stadtverkehr beträgt die Höchstgeschwindigkeit 30 m/ph (48 km/h); auf Landstraßen sind es 55 mp/h (90 km/h). Anschnallen ist Pflicht. Entgegen einem anscheinend nicht auszurottenden Gerücht ist es in Irland nicht erlaubt, im trunkenen Zustand ein Fahrzeug zu führen.

In Irland fährt man im allgemeinen defensiver als in Deutschland. Lediglich auf Landstraßen lassen sich gelegentlich halsbrecherische Überholmanöver beobachten – besonders dann, wenn zuvor eine PS-starke Kolonne eine halbe Stunde lang frustriert einem landwirtschaftlichen Nutzfahrzeug hinterherschleichen mußte.

Die Parkplatzsuche in Dublins Innenstadt ist tagsüber ein sehr großes Problem.

Zeitverschiebung
Irland gehört zur Zeitzone der Greenwich Meantime (GMT) und liegt somit eine Stunde hinter unserer MEZ. Wenn es in Deutschland bereits 12 Uhr ist, schlägt es in Irland gerade mal Clock 11.

Von März bis Oktober gilt in Irland Sommerzeit; genau wie bei uns werden die Uhren dann um eine Stunde vorgestellt.

Werner Strasdat, Jahrgang 1956. Studium Geschichte/Philosophie an der Ruhruniversität Bochum; ehemaliger Redakteur der Westfälischen Rundschau; seit 1992 freier Jounalist und Fotograf. Autor von Kinobüchern sowie Reiseführern und Länderbänden zu Irland, Norwegen, Hongkong, Singapur. Seit 1975 leidenschaftlicher Fan und Kenner der grünen Insel. Chronisch fernwehkrank, ringt mit dem Gedanken, endlich in die beschriebenen Regionen auszuwandern.

Sach- und Personenregister

Ortsregister